깨어 있는 존재들의 밤

글 연지

매일 밤 숙면을 꿈꾸는 지구인. 일상은 최지연으로, 좋아하는 글을 쓸 땐 연지로 산다. 쓴 책으로 소설집 『훌리오』, 테마 에세이 『깨어 있는 존재들의 밤』이 있다.

깨어 있는 존재들의 밤

동물의 신비한 수면과 그에 얽힌 기억 조각들

연지 테마 에세이

들어가며

 간밤에 푹 자고 일어나면 아침부터 기분이 상쾌하다. 무엇이든 다시 시작할 수 있을 것 같고, 어제까지만 해도 잘 안 풀렸던 일에 불현듯 좋은 해결책이 떠오르기도 한다. 하지만 어제와 오늘이 잠으로 구분되지 않은 채 이어지는 날이면 정말이지 괴롭다. 특히 불안과 걱정으로 밤을 지새울 때면 더더욱.

 내가 잠을 설치게 되는 건 주로 사람 때문이었다. 누군가가 너무 좋아서, 누군가가 너무 보고 싶어서, 누군가에게 너무 미안해서, 누군가가 못 견딜 정도로 밉고 싫어서…… 때때로 나는 그 '누군가들'을 나보다 더 많이 생각했다. 아니, 사실을 고백하자면 그

'누군가'엔 나 자신도 속해 있었다. 그렇게 나와 타인들 속에서 자주 허우적대며 밤을 지새우곤 했다.

잠이 오지 않는 날이면 양 한 마리, 양 두 마리를 세는 대신 좋아하는 동물들을 떠올렸다. 그러면 마음이 한결 편안해졌다. 안타깝게도 지금 내겐 반려동물이 없지만 다행히 집 밖을 나서기만 해도 여러 동물을 만날 수 있다. 주인과 함께 산책 나온 강아지, 조용히 제 갈 길을 가는 길고양이, 가끔씩 횡단보도까지 걸어가는 뚱뚱한 비둘기, 아주 운 좋으면 마주치는 무당벌레 등. 우리와는 완전히 다른 방식으로 존재하는 그들을 볼 때면 삶의 다른 가능성을 상상해볼 수 있었고, 이는 막막한 삶에 큰 활력이 되었다. 누군가에게 기대하거나 실망하는 일이 부질없어지곤 했다.

※

뚱뚱한 고양이와 스칼렛 마카우를 떠올리며 애써 잠을 청하던 어느 밤, 문득 궁금했다. 이 친구들은 매일 잘 자고 있을까. 그런데 기린처럼 목이 긴 동물은 어떻게 잘까, 박쥐는 잘 때도 거꾸로 매달려 있으려나, 길리 섬에서 만났던 바다거북은 잠도 바닷속에서 자는 걸까, 다들 나처럼 꿈도 꿀까…….

질문은 꼬리에 꼬리를 물고 이어졌다. 언제부턴가 머릿속을 가득 채운 물음표들이 나를 움직이고 있었다. 관련 자료들을 찾아다니고, 동물원을 드나들기 시작했다. 꿈속에서도 동물이 자주 등장했다. 그들 덕분에 잠 못 이루는 밤은 더 이상 두렵지 않았다.

『깨어 있는 존재들의 밤』은 그런 나날이 이어지던 끝에 나온 결과물이다. 처음엔 동물학자도, 과학 전문 저널리스트도 아닌 내가 동물의 수면에 대한 책을 써도 될까 망설여지기도 했다. 하지만 동시에 이런 생각도 들었다. '단순히 지식을 전달하기 위한 책이 아닌 그에 얽힌 개인적인 경험과 생각을 담은 에세이라면, 내 삶을 걸고 책임질 수 있는 이야기를 함께 담은 글이라면 독자들과 떳떳하게 만날 수 있지 않을까.' 그렇게 한 걸음씩 나아가다 보니 결국 여기까지 오게 되었다.

동물의 세계도, 수면도 내겐 여전히 미지의 영역이다. 그래서 더 많이 알고 싶고, 또 궁금하다. 동물과 수면에 대해 끊임없이 알아가다 보면 언젠가 내가 몰랐던 삶의 진실도 조금이나마 깨닫게 될 수 있지 않을까. 그런 희망을 품고 지금부터 동물의 수면 이야기를 시작해본다.

2024년 12월

연지

차례

들어가며　4

Chapter 1

이런 자세로 자본 적 있어요?

얼룩말의 잠	서서 자도 문제없어	13
박쥐의 잠	거꾸로 매달려 자기	28
해달의 잠	손을 맞잡고 나란히 누워	37
인간의 잠	그렇게 졸다가는 커피를 쏟고 말죠	44

Chapter 2

그들이 잠자는 시간

올빼미의 잠	밤에 더 말똥말똥	49
기린의 잠	한 번에 5분 이상 못 자요	60
펭귄의 잠	짧게 자도 깊이 잔 듯 개운해	66
곰의 잠	겨울잠 기간 잠만 자는 건 아네요	75
인간의 잠	잠자는 시간을 두고도 실험하는 인간	83

Chapter 3
자고 있는 거 맞아요

바다거북의 잠	7시간 동안 물 속에서 숨 참고 자기	93
곰벌레의 잠	휴면 상태로 우주까지 가다	103
물고기의 잠	잘 때도 두 눈 번쩍 뜨고	111
인간의 잠	동물 꿈을 꾸는 인간	121

나가며	131
추천사	134
감사의 말	137
참고문헌	140

Chapter 1

이런 자세로 자본 적 있어요?

얼룩말의 잠
서서 자도 문제없어

문 척삭동물 | 강 포유류 | 목 말목

처음엔 합성 사진인줄 알았다. 주택가 골목 귀퉁이에서 오토바이 배달원과 마주 서 있는 얼룩말이라니, 도심 속 차도 사이를 달리고 있는 얼룩말이라니!

세로의 동물원 탈출 소동

2023년 3월, 서울어린이대공원 동물원을 탈출해 화제가 되었던 얼룩말 세로는 내게 적잖은 충격이었다. 광진구 시내와 골목, 차도 한복판에서 세로를 목격한 사람들이 온라인상에 공유한 사진들은 기억 속에 오래도록 잔상으로 남아 떠나질 않았다.

한동안 나는 세로를 자주 생각하며 지냈다. 아니,

부러 생각했다기보다 문득문득 떠올랐다. 동물원 목재 울타리를 부수고 뛰쳐나오자마자 세로가 마주했을 그 모든 풍경은 얼마나 이상했을까. 아스팔트 도로 위를 달리는 자동차와 오토바이, 가로수와 빌딩 숲, 가게와 상점들, 자신을 보고 놀라 달아나거나 핸드폰을 들이미는 사람들…… 우리에겐 익숙한 일상 속 장면들이 세로에겐 낯설기만 했을 거다.

세로가 3시간여 만에 생포되어 동물원으로 다시 돌아가게 되자 많이들 안심하는 눈치였다. '세로의 탈출 꿈을 대신 이뤄주자'며 각종 패러디 사진과 밈이 등장하기도 했지만 그 유쾌한 응원 속 이면엔 무언의 안도감이 깔려 있는 듯했다.

물론 세로도, 인간도 모두 무사했기에 정말 다행이었다. 하지만 마음 한구석이 계속 찜찜했다. 세로가 돌아가야 할 곳이 정말 동물원이었을까. 세로는 지금 괜찮은 걸까.

동물원서 마주한 인생 첫 얼룩말

그러고 보니 내가 얼룩말을 처음 본 장소도 동물원

탈출한 세로가 골목에서 오토바이 배달원과 마주 서 있다.

이었다. 다섯 살 무렵 어느 날이었다. (거의 30년 전의 일이므로 그때 내가 본 얼룩말이 세로일 리는 없다. 참고로 세로는 2019년생, 나는 1988년생이다.) 동물원에 다녀온 그날 밤, 나는 얼룩말을 떠올리며 거실에 쪼그리고 앉아 모나미 펜으로 팔과 다리 전체에 일정한 간격으로 둥글게 무늬를 그렸다. 아니, 그렸다고 한다. (사실 엄마에게 들은 이야기다. 엄마는 그날 나를 목욕시키느라 혼이 나셨단다.) 무릎을 세우고 앉아 펜으로 열심히 무늬를 그리던 찰나의 순간들이 어렴풋이 떠오르는 것도 같다. 다만 내가 어떤 생각으로, 왜 그런 짓을 했는지는 여전히 미스터리다.

그래도 한 가지 확실히 기억나는 건 있다. 내가 그날 얼룩말에 완전히 사로잡혔다는 사실이다.

그날 이후, 횡단보도 바닥에 그려진 선을 볼 때 혹은 스트라이프 티셔츠를 입은 사람을 마주칠 때면 곧장 얼룩말부터 떠올랐다. 〈동물의 왕국〉 같은 프로그램에 얼룩말이 등장하기라도 하면 무언가에 홀린 사람처럼 텔레비전 화면에 눈이 고정되곤 했다.

정말이지 놀라웠다. 생긴 건 말이랑 거의 비슷하게 생겼건만, 이 친구는 어째서 온몸에 저런 무늬가 새겨져 있는 걸까. 페인트칠이라도 한 듯 선명하게! 얼룩덜룩한 얼룩말 줄무늬를 보고 있으면 이상하게도 가슴이 울렁였다. 바라보고만 있어도 무슨 일이 막 일어날 것 같은 느낌이었다. 내가 상상도 못했던 무언가 재미난 일이.

내겐 신비롭기 그지없는 얼룩말은 아프리카 초원

얼룩말 줄무늬는 사람의 지문처럼 저마다 다르다. 이 줄무늬는 얼룩말 피를 빨아먹는 체체파리나 사자, 하이에나 등 포식자의 눈을 어지럽히기 위해 존재한다고 알려져 있지만 일부 동물학자들은 "(체체파리는 몰라도) 사자나 하이에나 같은 포식자의 시력은 인간보다 현저히 떨어지며, 그들이 사냥할 땐 시각보다 소리와 냄새에 의존할 것"이라고 말한다.[1]

에 가면 온갖 맹수들의 먹잇감으로 전락한다. 그곳은 동물원과 달리 철저한 야생이다. 사자와 표범, 하이에나, 악어 등 얼룩말을 노리는 동물들이 도처에 널려 있다. 그러니 얼룩말은 매 순간 긴장해야 한다. 맘 놓고 벌렁 드러누워 잤다가는 목숨이 위태로워진다.

언제 어떻게 들이닥칠지 모르는 포식자로부터 달아나기 위해 잘 때도 늘 달아날 준비를 해야 한다.

선 채로 잠 드는 얼룩말

인간은 졸리면 눕거나 몸을 웅크릴 곳을 찾지만 얼룩말은 그럴 필요가 없다. 네 다리로 우뚝 서서 눈을 붙일 수 있다.

이 묘기 같은 수면이 가능한 이유는 얼룩말의 독특한 관절 구조 덕분이다. 얼룩말의 관절에는 잠김 장치가 있다. 그들은 잠이 드는 순간 무의식적으로 무릎 관절을 잠근다.[2] 그 순간 근육과 뼈, 뼈와 뼈 사이를 연결하는 힘줄과 인대가 고무줄처럼 팽팽하게 얼룩말의 무릎 관절을 당겨준다. 그래서 그 상태로 잠이 들어도 쓰러지지 않을 수 있다.[✦]

[✦] 말이나 얼룩말처럼 관절에 잠김 장치가 있는 발굽동물은 서서 잘 수 있다. 참고로 양이나 소, 염소, 기린처럼 되새김질을 하는 초식동물이 서서 자는 건 누워서 자면 위장에 박테리아가 식물을 분해할 때 나오는 가스가 쌓일 수 있기 때문이기도 하다. 얼룩말은 초식동물이지만 반추동물은 아니다. 이들은 위장이 아닌 장에서 박테리아 분해가 이루어지며, 장시간 누워 있으면 맹장에 가스가 찰 수 있다.[3]

선 채로 잠시 눈을 붙인 얼룩말과 누워 자는 얼룩말

얼룩말은 선 채로 짧게 여러 번 토막잠을 자고, 경계를 풀어도 괜찮은 상황이 찾아오면 바닥에 옆으로 누워 다리를 곧게 뻗고 잔다. 그렇게 하루에 총 7시간가량 수면한다.

특히 야생에서는 주로 크게 한 무리를 이루었을 때 잔다. 서로 망을 봐줄 수 있는 환경이 되면 돌아가면서 자는 것이다. 얼룩말 사진을 찾다 보면 상대방 등 쪽에 서로 머리를 기대어 쉬는 모습이 많은데 동물학자들은 이 또한 포식자들을 경계하기 위해 360도 주변 뷰를 보기 위해서라고 추측한다.

얼룩말은 길들여지지 않는다

그렇다면 누군가는 '얼룩말에겐 동물원이 더 안전한 게 아니냐'고 반문할지 모르겠다. 하지만 얼룩말 입장에선 아니라고 대답할 것 같다.

얼룩말은 말과는 달리 사육 가축으로 진화하지 않았다. 등에 사람이 올라타는 것은 물론 짐을 싣거나 안장을 걸치는 것도 쉽게 허락하지 않았다. 몸체가 말보다 작은 탓도 있지만 일단 성미부터 고약하다. 얼룩말은 궁지에 몰리면 즉각 동요하고 난폭해지

영국의 은행가이자 동물학자였던 월터 로스차일드가 얼룩말 세 마리와 말 한 마리로 자신이 올라탄 마차를 끌고 있다.

며—사자나 하이에나 같은 포식자도 얼룩말 뒷다리에 힘껏 걷어차일 위험을 무릅쓰고 접근해야 한다—사람이 올라타려 할 때도 필사적으로 물어뜯고 발로 차는 등 방어 태세를 취한다.

그건 지극히 정상적인 반응 아닐까. 태워준다는 허락도 안 했는데 함부로 올라타려는 상대에게 너그러울 필요 없을 테니. 온라인상에 한 해외 네티즌이 남긴 이 멘트는 왠지 모르게 감동적이었다. "얼룩말은 등 뒤에 타려 하면 널 죽이려 들 것이다. 말처럼 생겼다고 다 말처럼 행동해야 하는 것은 아니다. (If you tried to ride one, it would kill you. Just because they look like horses, doesn't mean they have to act like one.)"

허나 인간의 정복 욕구는 집요했다. 얼룩말에 안장을 얹혀 고삐를 채운 뒤 펜스를 넘는 사람이 있었는가 하면[4] 19세기 중반 조지 그레이George Grey라는 사람은 남미에서 얼룩말을 뉴질랜드로 수입해와 그의 마차를 끌도록 훈련시키기도 했다. 빅토리아 시대에도 동물학자 월터 로스차일드Walter Rothschild가 조지 그레이와 같은 시도를 했다. 그는 얼룩말이 이끄는 마차를 끌고 버킹엄 궁전까지 행진했다.[5]

하지만 이 모든 사례는 해프닝으로 그쳤을 뿐, 얼룩말은 여태껏 개인 가축으로 사육되지 않았다.

세로는 오늘도 동물원에서 지낸다

"세로야 안녕."

2024년 8월의 어느 무더웠던 날, 세로를 보러 서울어린이대공원을 찾았다. 울타리 너머 홀로 멀뚱히 서 있는 세로가 보였다. 왠지 모르게 얌전했다. 몇 분간 미동도 없었다. 자고 있나 싶었지만 분명 눈은 뜨고 있었다.

 울타리 밖엔 나와 세로 둘뿐이었다. 지난해 세로가 탈출에 실패하고 다시 복귀한 직후엔 방문객들로 바글거렸다던데…… 세로를 둘러싼 울타리는 제법 높아져 있었다. 우리 안쪽 나무엔 복싱 샌드백 같은 매트들이 매달려 있었다. 그 앞쪽엔 다음과 같이 쓰인 팻말이 보였다.

 '얼룩말 세로의 행동풍부화 진행 나무입니다!'

 행동풍부화 나무라니. 저 매트를 막 치고 박고 하면 세로의 스트레스가 풀리기라도 하는 걸까.

 탈출 소동을 벌인 세로를 두고 사람들은 여러가지 이야기를 상상하며 즐거워했다. 세로는 아빠 얼룩말 가로가 죽은 뒤 혼자 외로워했고, 스트레스가 많아 옆 우리의 캥거루와 싸우기 일쑤였으며, 어느 날 그 모든 상황을 견디지 못하고 탈출을 시도한 거라고들 말했다. 세로가 있을 곳은 애초에 동물원이 아니었다는 자성의 목소리도 나왔지만 일부 공감하는 사람들을 제외하곤 대부분 앞선 이야기들에 더욱 관심을 보였다.

"그 이야기들이 다 사실이니?" 내가 묻자 세로는 눈길 한번 안 주며 조용히 등을 돌렸다. 여물을 먹으러 가는 뒷모습이 왠지 모르게 쓸쓸해 보였다. 울타리 밖 탈출이 결코 자유를 보장해주지 않는다는 걸 알아버린 탓일까. 운 좋게 야생에 가더라도 이미 오랜 시간 동물원에서 길들여진 터라 적응이 쉽지 않을 텐데…….

이런 저런 생각을 하다 문득 부끄러웠다. 제 아무리 팔다리에 얼룩말 줄무늬를 그려댄다 해도 나는 어쩔 수 없는 인간이었다. 그러니 내가 세로의 기분을 어찌 제대로 추측할 수 있겠는가.

그럼에도 나는 오늘도 간절히 바란다. 세로가 더 이상 스트레스 받지 않고 행복하게 지내기를. 매일 밤, 매 순간 안심하고 편히 잘 수 있기를.

서울어린이대공원에서 만난 세로

이런 자세로 자본 적 있어요?

【알아두기】
동물원은 언제부터 생겨났을까

✦

인간은 오래전부터 동물을 부와 권력의 상징으로 소유해왔다. 진기한 동물을 값비싸게 들여와 전시하고 동물들끼리 싸움을 붙이며 오락거리로 일삼기도 했다. 수많은 동물을 한곳에 모아두고 사람들을 불러모아 구경시켰다. 기원전 3500년경 고대 이집트의 수도 히에라콘폴리스에선 귀족들 무덤 인근에서 코끼리, 원숭이 등 동물 뼈 100여 개가 발견되기도 했다.[6] 그 먼 옛날에도 동물원과 비슷한 장소가 존재했다니 놀라울 뿐이다.

근대 동물원의 시초는 1752년 오스트리

아 쇤부른 궁전에 세워진 동물원이다. 이후 19세기 중반부터 동물원은 세계 각국으로 퍼져나갔다. 우리나라에선 1909년 창경원에 최초의 동물원이 세워졌다. 이후 궁 복원 작업을 위해 창경원 동물원은 문을 닫았고, 이곳에 있던 동물들의 거처를 마련하고자 1984년 과천 서울대공원이 개원했다. (참고로 세로가 있는 서울어린이대공원은 1973년 개원했다.)

얼룩말은 함께 떼를 지어 다니는 동물이건만, 세로는 달랑 혼자뿐이었던 게 자꾸 눈에 밟힌다. 세로를 야생에 풀어줄 수 없다면 여러 얼룩말들과 함께 어울릴 수 있는 동물원에라도 옮겨주고 싶다.

박쥐의 잠
거꾸로 매달려 자기

✦

문 척삭동물 | 강 포유류 | 목 박쥐목

어렸을 적 나는 도무지 가만히 있질 못하는 아이였다. 에너지가 넘치다 못해 자못 산만했다. 하루에도 몇 번씩 이유 없이 냉장고 문이며 책상 서랍을 여닫는가 하면, 아파트 계단 층계를 내려갈 때도 기본 대여섯 칸씩은 뛰어내렸다. 학교에서 돌아오면 롤러브레이드와 자전거를 타며 동네를 몇 바퀴씩 돌아야 직성에 풀렸다. 아무데서나 갑자기 전력질주를 하다 무르팍이 깨지기 일쑤였다.

그래도 놀이터에 아무도 없을 때면 간간이 철봉에 거꾸로 매달려 쉬곤 했다. 드물게 평온함을 되찾는 시간이었다. 뒤집혀 보이는 세상을 가만히 바라보고

동굴 천장에 매달려 있는 박쥐들

있으면, 혹은 눈을 감고 선선히 부는 바람을 쐬다 보면 왠지 모르게 편안했다. 그대로 잠이라도 자고 싶었다.

하지만 계속 매달려 있는 건 결코 쉽지 않았다. 시간이 지날수록 철봉에 기역 자로 걸쳐 놓은 두 다리가 저려왔고, 결국 더는 못 버티다 한 바퀴 공중제비 하며 착지해야 했다.

아마 내가 박쥐였다면 그 정도야 문제없었을 거다. 대부분의 박쥐는 날아다니는 순간을 제외하곤 늘 거꾸로 매달려 있으니까.

박쥐는 하루에 15-20시간까지도 거꾸로 매달려 있을 수 있다. 그 상태로 새끼에게 젖을 먹이고 휴식을 취하고 볼일도 보고 심지어 잠까지 잔다. 별다른 힘도 들이지 않고 박쥐는 어떻게 이런 거꾸로 자세가 가능한 걸까.

박쥐의 거꾸로 라이프 비결

첫 번째 비결은 그들의 발에 있다. 박쥐의 발과 다리에는 특별한 힘줄과 인대가 있다. 특히 발뒤꿈치 힘줄은 박쥐가 온몸에 힘을 빼고 쉬고 있을 때도 발끝을 확 잡아당긴다. 그러면서 자연스레 무언가를 움켜쥐기 용이하게 구부러진다.[1]

인간은 주먹을 꽉 쥐고 있다가도 잠이 들면 손가락 힘이 스르르 풀리지만 박쥐는 아니다. 오히려 몸을 이완시킨 상태에서 힘줄이 더 타이트하게 당겨진다. 그럴수록 발끝은 단단히 잠기듯 구부러지고, 발가락

인도날여우박쥐가 발끝을 나무에 걸친 채 휴식을 취하고 있다.

을 벌리기 더욱 어려워진다. 덕분에 보다 편안하고 안정감 있게 매달려 있게 되는데, 그러다 보면 그 상태로 죽기까지 한단다. (거꾸로 매달린 박쥐 무리 가운데엔 이미 저승으로 가 있는 박쥐도 껴 있을 수 있다!)

몸이 가볍다는 점도 '거꾸로 라이프'에 기여하는 부분이다. 박쥐는 포유류 가운데 유일하게 날 수 있는 동물이다. 이들은 날기 위해 몸무게를 최대한 줄이는 방향으로 진화했다. 새들은 뼛속을 비우는 방법으로 무게를 줄였지만, 포유류인 박쥐는 뒷다리 뼈를 더 짧고 얇게 만들면서 체중을 줄여나갔다. 그러다 보니 몸을 지탱하고 서 있기 힘들어졌다. 특별한 힘줄의 도움을 받아 거꾸로 매달려 있는 게 훨씬 안정된 자세가 된 것이다.

1200여 종의 박쥐 대부분이 온스 단위 무게로(참고로 1온스는 약 28.35g), 체중이 거의 10g 안팎이다. 지구상에서 가장 큰 박쥐도 1kg 정도밖에 나가지 않는다. 또한 체내 피의 무게도 적게 나가기 때문에 박쥐는 거꾸로 오래 매달려 있어도 혈액순환에 큰 무리가 가지 않는다. (박쥐보다 무거운 인간은 거꾸로 자세를 너무 오래 유지하면 피가 머리 쪽으로 쏠려 뇌에 압박이 가해진다.)

거꾸로 매달리는 것은 박쥐에게 여러모로 유용한 포즈다. 무엇보다도 이 자세로 있으면 언제든 재빨리 달아날 수 있다. 박쥐의 천적인 올빼미나 매, 뱀 등이 언제 어디서 습격해올지 빠르게 스캔한 뒤, 위험한 순간 곧바로 날개를 펼칠 수 있다. 다른 새들처럼 중

집박쥐pipistrelle는 성냥갑 안에도 넣을 수 있을 만큼 조그맣다. 영국에선 주택 지붕 아래에서 종종 발견되기도 한다.

력을 거슬러 날아오를 필요가 없는 것이다.[2] 박쥐는 그저 동굴 천장이나 나뭇가지에서 떨어져 나와 날개를 펼치며 하강하면 된다.

팔색조 같은 매력을 지닌 박쥐

하지만 박쥐라고 다 똑같진 않다. 거꾸로 매달려 지내지 않는 박쥐만도 6종이나 있다. 그중 마다가스카르흡반발박쥐Myzopoda aurita는 머리를 위로 향한 채 말려 있는 커다란 잎사귀 표면에 붙어 잔다. 이 박쥐 종은 발이 갈고리 모양이 아니라 빨판 모양이다. 덕분에 나뭇잎에 발을 착 들러붙일 수 있다.[3]

 사실 박쥐는 이미지가 그리 좋진 않다. (슈퍼히어로 배트맨을 제외한다면 말이다.) 특히 코로나 바이러스가 온 지구를 휩쓸었던 시기, 바이러스 감염 병원체의 기원이 박쥐였다는 보도가 쏟아지면서 기피해야 할 동물처럼 여겨지기도 했다. (공교롭게도 사스와 에볼라, 메르스 등 치명적인 바이러스가 모두 박쥐에게서 나온 것으로 밝혀졌다. 박쥐는 그야말로 "200종 이상의 바이러스가 모인 저수지"[4]였다.)
 허나 1000여 종의 박쥐 가운데 피를 빨아먹는 흡혈박쥐는 고작 세 종뿐이다. 나머지는 곤충이나 과일, 꽃가루, 거미, 전갈, 도마뱀, 나뭇잎 등을 먹고 산다. 망고, 바나나 등 각종 열대 과일과 식물의 씨앗을 퍼뜨리고 꽃가루받이를 하는 박쥐도 있다. 이들은 열대림 복원에 일조하는 귀한 존재다. 일부 지역에선 박쥐 수백만 마리가 농작물을 해치는 메뚜기 떼 같은

꽃가루받이를 하는 멕시코긴혀박쥐(위)와 커다란 나뭇잎에 붙어 쉬는 마다가스카르흡반발박쥐(아래). 참고로 마다가스카르흡반 발박쥐는 몸 길이가 겨우 5cm 남짓이며 10g이 채 안 나간다.

해충 수천 마리를 순식간에 먹어 치우며 농가의 시름을 덜어주기도 한다.[5]

그래, 박쥐라고 다 같진 않다. 어떤 박쥐들은 머리를 하늘로 향한 채 나뭇잎에 붙어 자고, 바이러스 전파보다 꽃가루받이와 해충 잡이에 더 열심이기도 하니까.

해달의 잠
손을 맞잡고 나란히 누워

✦

문 척삭동물 | 강 포유류 | 목 식육목

가끔 언니와 단둘이 여행가는 꿈을 꾼다. 언니가 결혼한 뒤로 그럴 수 있는 기회가 점점 줄어들어서다. 언니 곁엔 이제 남편과 귀여운 두 아들이 있다. 언니네 가족 모두와 다같이 떠나는 여행도 물론 좋지만, 때론 예전처럼 둘이서만 떠나고도 싶다. 친구들에겐 말 못하는 내밀한 이야기도 맘껏 털어놓으며 함께 신나게 웃고 떠들고 싶다.

대학 시절 언니와 함께한 부산 여행은 내게 소중한 추억으로 남아 있다. 성수기가 피크였던 시기였는데, 그날 우리는 수많은 인파 속에서 수영을 하겠다며 튜브며 구명조끼며 다 빌려선 무작정 해운대 바다로 뛰어들었다.

 그야말로 사람 반 물 반이었다. 물 위에 누운 채 둥둥 떠 있는 걸 좋아하는 나였건만 도무지 그럴 자리가 보이질 않았다. 사람으로 뒤덮인 바다 위에서 유유히 떠 다니긴 불가능했다.

 게다가 그날은 파도마저 거셌다. 튜브를 탄 언니를 붙들지 않으면 자꾸 저 멀리 휩쓸려 가 언니와 멀어졌다. 결국 우리는 짐도 지킬 겸 따로따로 번갈아가며 파도를 타야 했다. 그날은 참 재밌었지만 동시에 정신없었던, 『월리를 찾아라』 그림책 속에 떨어지기라도 한 듯 언니를 못 찾을까 봐 내내 전전긍긍했던 날이었다.

 해달이 자면서 동료나 가족과 손을 잡고 잔다는 사실을 처음 알게 됐을 때 참 신기하면서도 어떤 면에선 이해도 갔다. 그들이 서로의 손을 맞잡고 자는 데엔 몇 가지 이유가 있었는데, 그중 하나가 바로 물살에 휩쓸려 떠내려가지 않기 위해서였기 때문이다.

 해달은 하루 11시간 동안 물에 배영 자세로 누워 쉬

손을 맞잡고 잠든 해달 한 쌍과 해초로 온몸을 감고 유영하는 해달

이런 자세로 자본 적 있어요?

기도 하고 잠도 잔다. 그들은 잘 때는 물론 쉴 때도 서로의 손을 붙들고 있다. 떠내려가지 않기 위해, 또 차가운 물의 온도를 버티기 위해.✢ 그렇게 손을 맞잡고 나란히 누워 몸도 따뜻하게 만들고 에너지도 보존한다.[1]

해달은 기다란 해초로 몸을 둘둘 감싸며 주변을 뗏목과 유사한 형태로 만들어놓기도 한다. '자이언트 켈프'✢✢로 불리는 이 해초 또한 해달이 바닷물에 휩쓸려 떠내려가지 않도록 도와준다.

바다에서 군집생활을 하는 해달은 보통 60-100마리씩 무리지어 생활한다.[2] 삼삼오오 함께 모여 시간을 보내고, 잠도 같이 잔다. 모여 있는 걸 선호하는 것일까. 이는 생존을 위해서이기도 할 테지만 어떤

✢ 해달의 팔뚝 아래쪽에는 주머니 모양의 느슨한 피부가 있다. 해달은 이곳에 공기를 저장해 부력을 유지한다. 평소엔 전복이나 조개를 깨뜨려 먹기 위한 돌을 넣어 놓기도 한다.

✢✢ 자이언트 켈프는 60m 넘게도 자랄 수 있는 대형 해초다. 해달이 바다 한가운데 해초 숲을 만들어 두면 천적인 범고래의 접근도 막을 수 있다.

면에선 마치 친목 도모 활동처럼 보이기도 한다.

사실 인간의 집단 수면 또한 사교적인 목적에서 중요한 역할을 해왔다. 『수면 혁명』의 저자 아리아나 허핑턴은 함께 자는 행위, 즉 곁잠co-sleeping은 여러모로 "사교 활동이자 가족 간 결속을 다지는 수단"이 되어 왔다고 강조한다. 말하자면 친밀한 환경과 안정감을 제공해주는 행위인 것이다.[3]

해달의 세계에서도 비슷하지 않을까. 해달도 무리 속에서 함께 쉬어야, 동료와 손을 붙들고 자야 안정감을 느낄 것 같다.

이렇게 같이 모여 지내는 게 습관이 된 해달이라면 혼자 남겨질 땐 다소 불안해할지도 모르겠다. 그러니 긴긴밤을 함께 견딜 동료를 옆에 두는 건 이들에겐 무척 소중한 일이겠지? 그건 나와 같은 인간에게도 마찬가지일 것이다.

【알아두기】
귀여운 외모 뒤에 숨겨진 공격성

✦

해달이 동료와 다정하게 손을 잡고 잔다고, 귀엽게 생겼다고 방심해선 안된다. 우연히 바닷가에서 마주친다면 곧바로 피하는 게 좋다. 안 그러면 봉변을 당할 수 있다. 지난해(2023년) 7월엔 미국 캘리포니아 해안에서 서핑을 즐기던 한 남성이 해달에게 공격당하기도 했다. 서핑 보드를 빼앗고 남자의 발목을 물어뜯은 그 해달은 곧바로 수배령에 내려졌다. (이 해달은 그로부터 서너 달 뒤 발견되었는데, 품에 작은 새끼 해달을 안고 있었다고 한다. 서퍼에게 공격적으로 굴었던 건 임신에 따른 호르몬 변화

및 방어 기제였을 수 있다.)[4]

 같은 해 4월엔 포르투갈 리스본의 한 동물원에 사는 해달이 관람객이 실수로 떨어뜨린 아이폰을 박살내기도 했다. 조개를 깨뜨리는 능력으로 핸드폰을 바위에 사정없이 내려치며 깨부수는 바람에 값비싼 아이폰은 그야말로 처참히 박살났다. 해달이 순해 보인다고 마음 놓고 손이라도 내밀었다간 치명상을 입을 수 있으니 꼭 주의할 것!

인간의 잠
그렇게 졸다가는 커피를 쏟고 말죠

✦

인간 연지(본체 최지연)

문 척삭동물 | 강 포유류 | 목 영장류 | 과·속 사람

사회 초년생 시절, 나의 모든 스트레스는 쏟아지는 잠으로 발현됐다. 특히 첫 직장이었던 언론사에서 수습 기자로 지낼 땐 기면증 환자처럼 매일 잠과 싸워야 했다. 돌이켜 보면 증상이 좀 심각했다. 카페에서 순간적으로 졸음이 쏟아지는 바람에 마시던 커피를 노트북 위로 죄다 쏟는가 하면, 택시를 타고 꾸벅꾸벅 졸다가 들고 있던 음료를 엎질러 옷을 버리기 일쑤였다. 밥을 먹다가 숟가락을 든 채로 잠이 들기도 했다.

잘 시간이 턱없이 부족했던 탓이다. 지금이야 출퇴근도 하고 '사람'처럼 다니게 한다고 들었지만, 당

시(2012년)만 해도 수습 트레이닝은 꽤나 혹독했다. 처음 한 달은 일주일에 한 번 집에 들어갈 수 있었다. 새벽까지 마와리를 돌고, 비좁은 경찰서 기자실에서 새우잠을 자야 했다. 사수에게 매일 2시간 간격으로 일거수일투족을 보고해야 했고, 사건 사고가 터지면 택시를 타고 총알처럼 현장으로 달려가야 했으며, 알지도 못하는 사람 집 앞에서 건듯하면 밤새 뻗치기를 하고…… 다시 하라고 하면 절대 못 할 것 같지만 그래도 그땐 나름 오기로 잘 버텼던 것 같다. 다 함께했던 고마운 동기들 그리고 은인 같던 몇몇 선배들 덕분이다.

기억 속 저 편에 묻어두었던 오래전 일이 불현듯 떠오른 건 다름 아닌 얼룩말 때문이었다. 생각할수록 신기했다. 얼룩말은 어떻게 관절이 그렇게 작동할까. 내 팔이나 목 관절도 발굽동물처럼 특이한 구조로 되어 있다면 나도 커피를 쏟을 일은 없었을 텐데…… 그럼 옷도 버릴 일 없었겠지? 밥을 먹다 잠깐 졸더라도 깔끔하게 식사를 마칠 수 있었을 텐데!

물론 이건 우스갯소리로 해본 말이다. 아마 그때 나는 얼룩말처럼 매 순간 너무 긴장해 있었던 모양이다. 스트레스 방어 기제로 졸음이 수시로 공격해왔던 게 아닐까.

3개월간의 수습 생활이 끝난 뒤, 다행히 기면증 같은 증상은 더 이상 나타나지 않았다. 다시 정상적으로 잘 수 있게 되었으므로. 물론 스트레스 상황은 어김없이 출몰했다. 그럴 때면 모든 걸 잊고자 주말에 온종일 잠만 잤다. 다행히 자고 일어나면 많은 것들이 리셋되었고, 기분도 한결 나았다.

지금도 잠은 내게 도피이자 휴식, 회복의 시간이다. 그래서 가끔 불면의 날들이 찾아올 때면 덜컥 겁이 난다. 밤을 꼴딱 새워버리면 다음날 컨디션이 꽝이 될 것임을 알기에. 게다가 밥을 먹다가, 커피를 마시다 또다시 꾸벅꾸벅 졸게라도 된다면 정말이지…… 생각만 해도 난감하다.

어쨌든 잘 깨어 있으려면 잘 자야 하는 게 분명해 보인다. 내게 수면권은 행복권과 다른 말이 아니다. 이는 지난 경험을 통해 몸소 깨달은 진리 아닌 진리다.

Chapter 2
그들이 잠자는 시간

올빼미의 잠
밤에 더 말똥말똥

✦

문 척삭동물 | 강 조류 | 목 올빼미목

　슬립테크 스타트업에서 콘텐츠 에디터로 잠시 일한 적 있다. 2023년 2월부터 이듬해 초까지 다녔던, 나의 세 번째 직장이었다.

　일 자체는 꽤 재밌었다. 무엇보다 수면에 대해 많은 것들을 공부할 수 있는 기회였다. '언젠가 수면과 관련된 소설을 꼭 한 편 써야지' 하는 부푼 꿈을 안고, 나름 즐겁게 다녔다. 그러니까 회사가 경영난으로 추락하기 전까진……

　사실 시작부터 여러모로 고충은 많았다. 특히 나는 입사 직전까지 오랜 시간 프리랜서로 지냈던 터라 회사로 매일 다시 출근하게 되자 초반엔 적응이 힘들었다.

출퇴근 길은 그 자체로 스트레스였다. 아침부터 붐비는 버스와 지하철에 몸을 맡기고 나면 하루를 시작하기도 전 진이 다 빠졌다. 옆에서 누가 밀치기라도 하면 인상이 절로 구겨졌다.

그때마다 좋은 생각을 하려 부단히 애를 썼다. 헤드폰을 머리에 뒤집어쓰고 볼륨을 높인 뒤 책을 펼쳐 들었다. 활자가 눈에 안 들어올 때면 동물 사진들을 찾아보며 마음을 다스렸다. 그러면 다행이도 잠시나마 기분이 좋아졌다.

어느 날 지하철 안에서 구글링을 하다 우연히 이 올빼미 사진을 발견했을 때도 그랬다.

나무 속에서 곤히 자고 있는 새라니. 그것도 벌건 대낮에! 사실 두 눈을 꼭 감고 잠시 사색에 빠진 것일 수도 있다. 자신의 내면으로 눈을 돌린 채, 이곳이 아닌 다른 곳으로 잠시 떠나 있던 걸지도. 어쨌든 나는 저 올빼미 덕분에 마음이 편안해졌고, 그 뒤로도 사진을 저장해둔 뒤 틈틈이 꺼내 보게 되었다.

북부매올빼미가 나무 속에서 살포시 눈을 감고 있다.

낮에 자고 밤에 활동하는 새

진실은 알 수 없다만 아마 저 올빼미는 낮잠을 자고 있었을 거다.

야행성인 올빼미는 낮에 자고 밤에 활동한다. 어둠 속 시야가 굉장히 좋고 청력도 뛰어나 깜깜한 밤에도 쥐나 도마뱀, 개구리, 다른 새의 알을 수월하게 찾아낸다. 올빼미는 그렇게 밤새 사냥을 하고 낮엔 잠을 자며 에너지를 비축한다. 그래서 늦게까지 깨어 있는 일주기리듬을 가진 사람을 흔히 '올빼미형'으로 부르기도 한다. (참고로 아침형 인간은 '종달새형'으로 비유된다.)

올빼미들은 주로 속이 빈 나무나 바위 틈, 높은 나무의 가지 위에서 잔다. 종에 따라 땅 위나 지하에서 자는 올빼미도 있다.

아기 올빼미들은 머리가 무거워 사람 아기처럼 판판한 곳에 몸을 기대어 자지만, 성체 올빼미는 서서 잔다. 커다란 머리를 약간 앞으로 기울이거나 살짝 뒤로 기댄 채로. 다행히 올빼미는 억센 엄지+를 가진 덕분에 잘 때도 무사히 버티고 서 있을 수 있다.[1]

자면서도 늘 날아갈 준비를 하는 올빼미

올빼미는 면역력과 힘을 유지하기 위해 매일 10-12시간 정도 잔다. 신진대사가 높은 새인 만큼 에너지를 축적하려면 오랫동안 푹 자야 한다.

하지만 마냥 편히 자기엔 너무도 거친 야생이다. 올빼미는 독수리나 매 같은 포식자를 의식하느라 잘

+ 올빼미의 발은 앞쪽과 뒤쪽 발가락이 반대로 마주 뻗어 있는 대지족형zygodactyl으로 죔쇠처럼 발가락을 조일 수 있다.

목 근육이 한창 성장하고 있는 아기 올빼미들(위)은 바닥에 엎드려 잔다. 아래는 한쪽 눈을 감고 있는 갈색 매 올빼미. 윙크하는 게 아니라 자는 중일지도 모른다.

때도 언제든 날아갈 준비를 한다. 가끔 한쪽 눈을 뜬 채로 자기도 한다. 뇌의 한쪽만 잠들고 다른 쪽은 깨어 있는 단일 반구 서파 수면Unihemispheric slow-wave sleep[++]을 하는 것이다.

하지만 올빼미가 눈을 감고 있다고 해서 무조건 잔다고 단정 짓긴 곤란하다. 야행성 새에게 햇빛은 꽤나 강렬한 자극이 될 수 있다. 이를 피하기 위해 잠시 눈을 감고 쉬는 중인지도 모른다. 실제로 올빼미는 낮 동안 잠을 안 자더라도 눈을 반쯤만 뜨고 있거나 아예 감고 있기도 한다.

올빼미의 눈동자 색깔은 샛노란 색부터 어두운 주황빛까지 다양하다. 야행성 올빼미들의 눈 색깔은 주로 어두운 편이다. 덕분에 야간 사냥 때 눈을 번쩍 뜨고 있어도 어느 정도 위장이 가능하다. 반면 아침 일찍 활동하기 좋아하는 올빼미 중에는 밝은 노란색 혹은 오렌지 색 눈이 많다.[2]

[++] 올빼미는 물론 수리갈매기나 청둥오리, 기린, 홍학, 악어, 돌고래 등 여러 동물이 단일 반구 서파 수면을 한다.

눈처럼 새하얀 흰올빼미는 해리포터의 충직한 메신저 헤드위그의 종이기도 하다.

낮에 자는 올빼미도 있다

사실 올빼미라고 다 야행성은 아니다. 종에 따라 다른 수면 패턴을 보이기도 한다.

흰올빼미는 대표적인 주행성 올빼미다. 이들은 낮에 사냥하고 밤에 잔다. 북극에 주로 서식하는 흰올빼미는 한여름 백야의 영향으로 대낮처럼 밝은 밤에 익숙하다. 그 때문에 주행성이 되었다고 보는 학자들도 있다.

가시올빼미도 주행성 올빼미에 속한다. 이 올빼미는 낮에 한창 움직이다 밤이 되면 굴속에 들어가 잔다.

밤낮 아무 때나 자는 유형cathemeral도 있다. 줄무

늬올빼미가 그 대표적인 예다.³

 만약 잠자는 올빼미를 만나러 깊은 숲 속에 간다 해도 웬만해선 발견하기 힘들 것이다. 사람도 편안한 장소에 잠자리를 마련하듯 올빼미도 안전하게 잘 수 있는 곳에서 잔다. 햇빛과 비를 피하기 좋은 나뭇잎이 풍성한 나무, 혼자 조용히 있을 수 있는 높은 나무 위 가지, 포식자들의 눈에 띄지 않는 조용한 바위 틈 같은 장소를 선호한다.⁴

 올빼미는 혼자 있기 좋아하는 새로 알려진다. 번식기엔 아기 올빼미를 돌보기 위해 짝과 함께 있지만, 대부분의 시간은 주로 혼자 지낸다. 모여 자는 올빼미들을 보게 된다면 최근에 막 둥지를 떠난 형제자매 혹은 이주하는 무리일 수도 있다. 이들은 장소를 옮길 동안엔 수십 마리씩 그룹 지어 잠자기도 한다.

 언젠가 올빼미를 직접 보게 된다면 주의할 사항. 절대 손을 뻗거나 하지 말 것! 올빼미의 발톱은 굉장히 세고 날카로워 살점이 떨어져 나갈 수 있을 테니. 이들은 자칫 잘못하면 사람 머리통도 피범벅 되게 할

짝과 함께 있는 헛간올빼미 한 쌍

수 있다고 한다.

그래도 조용히 지켜보기만 하면 문제없지 않을까. 인간은 올빼미의 먹잇감도 아니고 덩치도 훨씬 크니, 위협을 가하지 않는 한 쉽게 공격당하진 않을 거다. (그렇게 믿고 싶다!)

추천해요 | 영화 <더 빅 이어 The Big Year>

새를 좋아하신다면 영화 <더 빅 이어>를 강력히 추천합니다. 새에 미친 세 남자의 좌충우돌 이야기로, 재미와 감동을 모두 만날 수 있습니다. 사랑스런 잭 블랙은 덤!

잭 블랙(극중 해리)이 한밤중에 아버지와 큰회색올빼미(위)를 발견하고 기뻐하고 있다.

기린의 잠
한 번에 5분 이상 못 자요

✦

문 척삭동물 | 강 포유류 | 목 우제목

무언가를 기억하기 위해 우리는 기념일을 챙긴다. 생일을 축하하며 태어난 날을 기억하고, 결혼기념일을 챙기며 동반자와 살아온 시간을 축복한다. 회사들은 매년 창립기념일을 챙기고, 국가는 매해 역사적으로 의미 있는 날을 기린다.

동물 애호가들도 전 세계 멸종위기종을 기리며 특별한 날들을 만들었다. 일명 '동물의 날'. 1월 31일은 얼룩말의 날이다. 2월 29일은 북극곰의 날, 3월 22일은 물범의 날, 4월 25일은 펭귄의 날, 8월 19일은 오랑우탄의 날…… 이런 식으로 동물의 날은 매달 적게는 1개, 많게는 5-6개까지 있다.

기린을 기리는 날

 각각이 왜 하필 그 날짜에 지정된 것인지 궁금했다. 몇몇은 별 이유 없이 랜덤으로 정해진 것 같았다. 다만 세계 기린의 날은 제법 그럴 듯해 보였다. 2014년 국제 기린 보호재단이 기린의 날로 지정한 이 날(6월 21일)은 1년 중 낮이 가장 긴 절기인 하지夏至 날이었다. 기린은 목이 가장 긴 동물인 만큼 기린을 기리는 날 또한 무언가가 가장 긴 날로 정한 것이다.

 기린은 지구상에서 목은 가장 길어도 잠자는 시간은 터무니없이 짧다. 하루 평균 수면 시간이 고작 1.5-2시간. 동물원에 사는 기린은 그보다 조금 더 잔다지만, 그래 봤자 4시간 반 정도뿐이다. 거대한 몸집[+]을 건사하려면 매일 10시간은 넘게 자야 할 것 같은데, 대체 어찌된 일일까?

[+] 참고로 다 큰 기린의 키는 4-6m 정도. 아기 기린도 키가 180cm 내외로 키가 훤칠한 성인 남성과 맞먹는다. 몸무게는 어른 기린 기준 1300kg은 거뜬히 넘는다.

맘 편히 자는 건 기린에게 사치

기린이 하루에 겨우 두 시간 정도뿐 못 자게 된 건 야생 환경에 적응한 결과다.

다른 초식 동물과 마찬가지로 기린은 언제 어디서 덮쳐올지 모를 포식자들을 경계하느라 맘 놓고 잘 수 없다. 동물원에 사는 기린이 야생 기린보다 조금 더 길게 잘 수 있는 건 안전한 환경에서 살고 있는 덕분이다.++

물론 기린은 덩치도 워낙 크니 사자나 하이에나, 표범 같은 맹수들이 오면 뒷발로 휙 차버리면 그만일지 모른다. 하지만 그건 깨어 있을 때나 가능한 일이다. 조심성 많은 기린은 잘 때도 경계심을 풀지 않는다. 특히 절대로 누워 잠들지 않는다. 땅 쪽에 머리를 뉘이면 목을 공격당해 질식할 수 있기 때문이다.

토막잠의 대가, 가끔은 앉아서도 자요

기린은 몸집도 큰데다 목도 다리도 길쭉길쭉하다

++ 다만 이는 동물에 따라 다를 수 있다. 동물원의 통제된 환경 때문에 스트레스를 받아 잠을 설치는 동물들도 많다.

동물원에 사는 기린들은 야생 기린보다 조금 더 오래 잔다.

보니 적을 발견해도 재빨리 일어나기 힘들다. 그래서 얼룩말처럼 선 채로 짧게 토막잠을 잔다.

안타까운 건 그 짧은 수면 시간도 '통잠'이 아니라는 사실이다. 한 번의 토막잠은 고작 몇 분을 넘기지 못한다. 겨우 1-2분, 그보다 길면 5-30분 정도다. 이렇게 다 합한 하루 평균 수면 시간이 2시간 안팎이다.[1]

기린은 초식동물이자 소처럼 되새김질하는 반추

동물이다. 거의 온종일 먹은 음식을 게워 내 되씹길 반복한다. 필요한 칼로리를 모두 섭취하고 이를 제대로 소화시키려면 입을 끊임없이 움직여야 한다. 그래서 토막잠을 자면서도 입을 오물거린다. 이래저래 곤히 자긴 힘들어 보인다.

이런 사정을 알고 나서 기린을 보니 부쩍 더 나른하고 졸려 보인다. 기린을 불안에 떨게 하는 사자나 호랑이 같은 맹수는 하루에 15-20시간까지도 자건만…… 맹수들은 사냥하느라 소모한 에너지를 벌러덩 누워 실컷 자면서 보충하는데, 검푸른 긴 혀로 아카시아 잎이나 빨아먹는 온순한 기린은 잠도 맘 놓고 못 자다니. 물론 기린은 그 상태로 진화하고 적응해 왔기에 짧은 수면 시간에 익숙해졌을지 모르겠지만 말이다.

인간인 나는 오늘도 편안하고 안전하게, 기린보다는 꽤나 오랜 시간 잘 수 있음에 감사해야 할 것 같다. 비록 내게도 바깥 세상은 때로 야생처럼 험악하지만 나의 침실은 잠시나마 아늑하기에.

기린은 안전한 환경에선 바닥에 앉아서 자기도 한다. 다만 이때도 목은 마음껏 뻗지 못하고 웅크린 채 잔다.[2]

펭귄의 잠
짧게 자도 깊이 잔 듯 개운해

✦

문 척삭동물 | 강 조류 | 목 펭귄목

아델리펭귄 수십 마리가 새하얀 얼음 들판 위를 뒤뚱거리며 뛰어간다. 유치원 아이들처럼 여럿이 줄지어 가기도 하고, 몇몇은 무리를 이탈한 채 제 갈 길을 간다. 뛰다가 지치면 배를 얼음에 대고 쌩, 슬라이딩한다. 무념무상의 표정으로, 그렇게 바다를 향해 부지런히 나아간다.

아델리 펭귄 영상을 검색하면 볼 수 있는 장면들이다. 머리를 식히고 싶을 때면 종종 그들의 영상을 찾아본다. 먹고살기 위해 하루도 빠짐없이 뜀박질하는 아델리펭귄을 보고 있으면 왠지 모르게 겸허해지곤 한다. 나도 이들처럼 다시 열심히 살아보고 싶다는

얼음길을 뒤뚱거리며 달려가는 아델리펭귄 무리

마음이 절로 인다.

 아델리펭귄이 오가는 바다 얼음길은 약 5km. 다리도 짧고 속도도 그리 빠르지 않은 탓에 오가는 데만 2-3일가량 걸린다고 한다. 그럼에도 아델리펭귄은 성실하기 그지없다. 매일같이 그 험난한 여정을 반복한다. 허기가 그토록 필사적으로 뛰게 하는 걸까. 아니면 또 다른 이유가 있는 걸까.

알고 보니 그들은 둥지에서 기다리고 있을 짝과 새끼를 만나기 위해 그토록 필사적으로 뛰고 있었다. 바다에 도착하면 아델리펭귄은 남극 크릴로 배를 빵빵하게 채운다고 한다. 새끼들에게 뱉어주기 위해 뱃속에 식량을 저장하는 것이다. 바다 사냥을 마치면 그들은 무거워진 몸을 안고 뒤뚱거리며 다시 왔던 길을 되돌아간다.[1] 때론 통통해진 배를 얼음 위에 대고 슬라이딩하면서.

새끼를 지켜내기 위해 4초씩 쪽잠을 자다

남극에 사는 펭귄들은 온종일 새끼들을 먹이고 보호하느라 정신이 없다. 이들은 펭귄 알과 새끼를 노리는 남극도둑갈매기, 남방큰풀마갈매기 같은 천적을 경계하느라 잠도 제대로 못 잔다.[2]

지난해(2023년) 극지연구소 이원영 박사 연구팀이 프랑스 리옹신경과학연구센터CNRS 연구진과 〈사이언스〉에 흥미로운 논문 한 편을 발표했다. 바로 펭귄들의 수면 패턴에 대한 연구 결과였다. 연구팀은 남극 킹조지섬에 사는 턱끈펭귄 14마리에게 수면파를 측정할 수 있는 센서를 장착했다. 그러곤 11일간 뇌파와 근육 활동, 신체 움직임 등을 측정하며 수면 패턴을 분석했다. 결과는 놀라웠다. 턱끈펭귄이 4초씩 1만 회에 걸쳐 쪽잠을 잔다는 사실을 발견했기 때문이다.[3]

아니, 그게 어떻게 가능할까. 눈을 감고 마음속으로 4초를 세보았다. 설령 너무 피곤해 잠이 쏟아진다 해도 정신이 몽롱해지면서 주변 소음이 뭉개지기까지 4초는 터무니없이 짧았다. 하지만 연구 결과 턱끈펭귄은 4초 동안에도 수면 뇌파가 측정되었다. 심지어 바다에서 먹이를 찾는 동안에도 찰나의 쪽잠을 잔 것으로 나타났다. 이런 식으로 4초씩 잔 시간들을 모두 합하면 무려 11시간이나 됐다.

아무리 하루에 11시간을 잔다 해도 선 채로 4초씩 자다 깨다를 반복하면 너무 피곤하지 않을까. 제대로 잔 것 같지도 않을 텐데……. 허나 펭귄은 우리와 다른 수면 세계를 살고 있었다. 그들은 찰나의 쪽잠을 자면서도 '서파수면slow-wave sleep', 즉 깊은 수면을 하고 있었다.[4]

인간은 깊은 수면 단계에 접어들기까지 약 50분 정

도가 소요된다.+ 이 수면 단계에 접어들어야 비로소 몸과 뇌의 회복 과정이 일어날 수 있다. 반면 턱끈펭귄은 4초만에 이런 깊고 편안한 상태의 수면 단계에 진입하고 있던 것이다.

물론 적을 경계해야 하는 환경이 아닐 땐 더 길게 잘지도 모른다. 다른 모든 동물들과 마찬가지로 펭귄의 수면 패턴 또한 앞으로 더 다양한 케이스의 연구가 이뤄져야 할 것이다. 그래도 야생 턱끈펭귄을 대상으로 진행된 이번 수면 연구는 (놀라운 발견과 더불어) 연구 자체만으로도 매우 귀한 시도였다고 생각한다.

+ 인간의 잠은 아주 얕은 잠(1단계), 얕은 잠(2단계), 깊은 잠(3단계), 아주 깊은 잠(4단계), 역설수면(5단계) 순으로 진행되며(3, 4단계를 통합해 총 4단계로 분류하기도 한다), 이 사이클의 한 주기는 약 90분이다. 보통 1단계→2단계 진입에 7분 정도, 2단계→3단계 진입에 10-25분가량 소요된다. 약 7시간 정도 잔다고 가정했을 때 5단계에 걸친 이 사이클은 밤새 4-5회가량 반복된다.[5]

눈을 지그시 감고 있는 턱끈펭귄

이 세상 모든 엄마는 위대하다

그나저나 펭귄들의 자식 사랑은 그야말로 감동스럽다. 턱끈펭귄이 4초씩 쪽잠을 자면서 새끼들을 보호한다면 황제펭귄은 새끼를 위해 장시간 단식을 불사한다.[6] 황제펭귄 암컷은 알을 낳기까지 눈보라 속에서 평균 45일간 공복 상태로 버티며, 알을 낳은 뒤에야 비로소 먹이를 찾아 바다로 나간다. 그 사이 암컷과 교대한 수컷 펭귄은 발 위 알주머니에 알을 소중히 품고 아내가 돌아오길 기다린다.++ 남극의 폭풍우를 견디며, 두 달이 넘도록 아무것도 먹지 않으면서.[7]

문득 루리 작가의 아름다운 동화 『긴긴밤』(2021)에 등장하는 펭귄 부부 치쿠와 윔보가 떠오른다. 그들의

++ 번식을 위해 새끼를 지극정성으로 돌보는 것과는 별개로 황제펭귄의 85%는 매년 다른 배우자를 선택한다. 짝짓기 철이 되면 황제펭귄은 "정확한 만남의 장소"를 따로 마련하지 않고 발 위에 알을 올려놓은 채 지낸다. 바다에 나갔다 돌아온 황제펭귄은 매번 "대규모 인파와 비명 속에서 예전 배우자를 찾아야" 하며[8], 그 과정에서 다른 짝과 눈이 맞기도 한다.

새끼를 돌보고 있는 황제펭귄

자식 사랑도 눈물겨웠다. 치쿠와 웜보는 파라다이스 동물원의 버려진 펭귄 알을 자기 새끼처럼 돌보았다. 전쟁으로 남편 웜보가 죽자 치쿠는 양동이에 알을 넣고 손잡이를 입에 문 채 동물원을 탈출한다. 알에서 태어날 새 생명을 지켜내기 위해 자신의 모든 것을 걸고, 코뿔소 노든과 함께 바다를 향해 하염없이 나아간다.

하나의 생명체를 온전히 키워내는 일은 실로 많은 노력과 사랑이 필요하다. 때론 너무도 많은 희생이 뒤따른다. 나도 언젠가 엄마가 될지 모르는데, 과연 잘 해낼 수 있을까. 아이를 키워내기엔 여전히 삶의 많은 부분에서 서툰 만큼 걱정도 앞선다. (게다가 이 얼마나 험난한 세상인가!)

그럼에도 지켜내야 할 생명이 있다는 건 두려우면서 동시에 한없이 소중한 일이다. 나 또한 부모님이 사랑으로 보살펴주신 덕에 한 명의 온전한 성인으로 자라날 수 있었다. 이 자리를 빌어 사랑하는 엄마 아빠께 무한한 애정과 감사의 마음을 전하고 싶다.

곰의 잠
겨울잠 기간 잠만 자는 건 아녜요

문 척삭동물 | 강 포유류 | 목 식육목

곰은 결코 미련하지 않다는 걸 일찍이 깨닫게 된 계기가 있다. 오래 전 내셔널 지오그래픽에서 우연히 불곰Brown bear 스페셜 다큐멘터리를 보면서였다.

그때 본 몇몇 순간은 아직도 생생히 기억난다. 특히 곰이 먹이를 취하는 모습들. 한번은 개미를 군것질(?)하는 장면이었다. 길고 가느다란 나무 막대 하나를 주워 든 불곰은 막대에 꿀을 바른 뒤 개미 구멍에 찔러 넣었다. 그러곤 잠시 기다렸다가 막대를 빼자 꿀에 정신이 팔린 개미들이 다닥다닥 줄지어 붙어 있었다. 불곰은 여유로운 표정으로 막대에 붙은 개미들을 호로록, 한번에 핥아 먹었다.

곰은 결코 미련하지 않다

사실 그보다 더 놀란 장면은 따로 있었다. 바로 연어를 사냥하는 순간이었다. 불곰은 강을 거슬러 오르는 연어의 습성을 이용해 역으로 튀어오르는 방향에 맞춰 입을 벌리고 서 있었다. 곧 연어 한 마리가 영문도 모른 채 곰의 입 속으로 뛰어들었고, 곰은 날카로운 이빨로 연어를 베어 물었다. 그와 동시에 주황빛 연어 알이 폭죽처럼 사방으로 터져 나갔는데, 세상에⋯⋯ 그 장면은 내게 충격적일 정도로 강렬했다. 잔인하면서도 생명력 넘치는 순간이었달까.

별다른 힘도 들이지 않고 이토록 영리하게 사냥하는 곰이건만 '미련 곰탱이 같다'는 표현은 대체 어디서 나온 걸까? 큰 몸집으로 느릿느릿 어슬렁거리는 모습이 게을러 보였을까. 아니면 겨울만 되면 거대한 몸을 웅크리고 잠만 자는 게 미련해 보이기라도 했을까.

겨울잠, 곰이 택한 최선의 생존전략

그 무책임한 비유는 정말이지 오해에서 비롯된 것 같다. 곰이 겨울에 작정하고 긴 잠을 청하는 건 그들

불곰이 입을 커다랗게 벌린 채 강을 거슬러 오르는 연어를 기다리고 있다.

나름의 똑똑한 생존 전략이다. 곰은 사람처럼 일정 체온을 유지해야 하는 항온동물이다. 겨울에 괜히 배고파서 어슬렁거리다간 체온이 급격히 떨어질 수 있다. 그러니 가을 동안 열심히 먹고 살을 찌워 지방층을 두텁게 한 뒤, 안전한 장소로 피신해 오랜 잠을 청한다. 3-6개월가량 세상과 잠시 단절한 채 조용히 부활을 꿈꾼다.

동면 기간 곰은 음식을 먹거나 배설하지 않는다. 말하자면 이 기간은 에너지를 최대한 절약하는 시간이다. 이때엔 신진대사율과 심장박동수가 평소보다 4분의 1가량 줄어든다. 신진대사율은 많게는 53% 대까지, 분당 맥박수는 90회에서 8회까지도 떨어진다. 놀랍게도 그런 상태가 수 개월 지속되더라도 곰의 장기와 근육은 멀쩡하다. 몸의 어떤 곳도 손상을 입지 않는다.[1]

다만 겨울잠 기간 곰들이 내리 잠만 자는 건 아니다. 몸을 덥히기 위해 수시로 깨어난다. 동물의 겨울잠을 연구하는 생물학자 리자 바르네케는 그녀의 저서 『겨울잠을 자는 동물의 세계』(2019)에서 이렇게 말한다.

"실제로 지금까지 전해 내려오는 개념인 겨울잠이라는 단어는 오해를 불러일으키는데, 불행하게도 단어를 잘못 선택했다고 할 수 있다. 왜냐하면 겨울잠을 자는 동물들은 실제로는 잘 수 없기 때문이다."[2]

아니, 겨울잠을 잘 동안 잠을 못 잔다니, 이 무슨 앞뒤가 안 맞는 말인가!

가슴에 V자 무늬가 돋보이는 반달가슴곰

겨울잠을 연구하는 사람들은 겨울잠 대신 '토르퍼 Torpor'[+]라는 용어를 사용하고 있었다. 알고 보니 우리가 통상적으로 '겨울잠'이라고 부르는 기간에도 동물들은 많은 활동을 했다. 다람쥐는 4-7개월가량 겨울잠을 자면서도 틈틈이 일어나 지하 저장실에 저장해둔 도토리를 먹는다. 게다가 반달가슴곰은 동면 기간 출산까지 한다.[++]

겨울잠을 자던 동물들은 중간중간 깨어나 몸을 덥힌다. 그 과정에서 면역체계를 활성화하고 장기를 재생하며 신진대사 과정에서 나온 독성을 배출한다. 그들은 몸을 덥혀 정상 체온이 되었을 때 비로소 다시 잘 수 있다.

[+] 토르퍼는 라틴어로 '경직' '마비'를 뜻한다.

[++] 반달가슴곰 암컷은 여름에 여러 수컷과 짝짓기하고 그 과정에서 얻은 수정란을 자궁 안에 보관하다 겨울잠에 들어가기 직전에 착상시킨다. 이들은 가을이 되면 충분히 먹어두고 에너지를 비축하며 겨울잠과 출산을 함께 준비한다. 반달가슴곰의 임신 기간은 2-3개월 정도이며, 겨울잠에 깨어나기 한두 달 직전 출산한다.

판다 "겨울잠이 뭐예요?"

곰이라고 다 겨울잠을 자는 건 아니다. 동물원서 편히 지내는 곰들은 겨울잠을 안 잔다. 사육사가 알아서 음식을 챙겨다 주니 에너지 비축을 위해 장기간 모든 활동을 멈출 필요가 굳이 없다.

북극곰은 주로 겨울에 먹이를 사냥하기 때문에 겨울잠을 자지 않는다. 대신 북극곰은 여름에 활동량을 줄이며 에너지를 비축해둔다.[3]

자이언트 판다도 겨울잠을 안 자는 곰이다. 여름이든 겨울이든 깨어 있는 동안 열심히 먹어야 하기 때문이다.

판다의 주 서식지는 대나무숲이 울창한 중국 산악지역이다. 판다는 육식동물임에도 대나무를 주식으로 먹으며 초식에 가까운 동물로 적응해왔다. 문제는 엄청난 몸집을 유지하기 위해 매일 어마어마한 양의 대나무를 섭취해야 한다는 것이다.

판다는 반나절만에 평균 10kg 정도의 대나무를 먹는다. 대나무는 단백질도 적고 영양가나 칼로리가 상대적으로 낮아 에너지를 유지하려면 최대한 많이 먹

어야 한다.[4]

그러니 판다는 하루에 10시간 넘도록 대나무를 씹으며 뒹굴거린다. 나머지 시간은, 잔다! 실제로 에버랜드 푸바오를 보기 위해 열심히 티켓 예매까지 해서 찾아갔던 사람들 중 실망하고 돌아오는 경우가 적지 않았다. 그들은 하나같이 이렇게 말했다. "가껏 시간 내서 엄청 기대하고 갔는데 돌아누워선 잠만 자고 있는 거예요."

매일 잠도 많고 뒹굴뒹굴 게을러 보일 수도 있겠지만, 판다는 정말이지 귀엽고 사랑스럽다. 아메리카흑곰, 불곰 등 오래도록 긴 겨울잠을 자는 곰들도 소중하다. 이들은 분명 미련 곰탱이만은 아니다. 신비로운 생존 전략을 조용히 알아서 잘 취하고 있는 현명한 존재들이다.

인간의 잠
잠자는 시간을 두고도 실험하는 인간

✦

턱끈펭귄은 새끼를 보호하기 위해 토막잠을 자지만, 인간은 다른 욕망으로 쪽잠을 시도한다.

20분씩 토막잠을 잤던 다빈치와 테슬라

레오나르도 다빈치(1452-1519)는 넘치는 호기심과 샘솟는 아이디어를 주체하지 못하고 이상한 수면법 하나를 고안했다. 바로 4시간마다 20분씩 간헐적으로 자는 '위버맨Uberman 수면법'이었다. 한동안 그는 매일 3시간 40분을 깨어 있다 20분을 자고, 다시 일어나 3시간 40분을 깨어 있는 식으로 하루를 보냈다. 그러면 24시간 중 수면 시간은 총 2시간이 됐다. 이는 기린의 하루 수면 시간과 맞먹을 정도로 짧은 시간이다.

'교류 전기의 아버지' 니콜라 테슬라(1856-1943)도 위버맨 수면법을 실천한 사람으로 알려진다.[1] 유명한 워커홀릭이었던 그는 20분씩만 자는 것도 모자라 84시간을 내리 깨어 있던 적도 있단다.[2]

아무리 그래도, 하루 2시간 수면은 너무 짧은 것 아닌가. 턱끈펭귄만 해도 4초씩 쪽잠을 잤지만 그 찰나의 수면 시간을 다 합하면 11시간이나 되지 않았나!

위버맨 수면법, 정말 괜찮을까

위버맨 수면법을 옹호하는 사람들은 렘수면(REM) 단계의 중요성을 강조한다. 렘수면 단계에서는 각성 상태와 비슷한 수준으로 뇌가 활성화되며, 이때 우리 뇌는 기억을 저장하고 감정을 처리한다. 이 단계는 눈동자를 빠르게 움직이며 꿈을 꾸는 시간이기도 하다.

우리가 잠자는 동안엔 렘수면(REM)과 비렘수면(NREM) 단계가 번갈아 가며 반복된다. 보통 처음 잠들기 시작하면 1회차 사이클에선 렘수면에 도달하기까지 약 10~25분 정도가 소요된다.[+] 그렇다면 20분씩 잠들었다 깨는 위버맨 수면법은 렘수면에 도달했다가 다시 비렘수면 단계로 가기 직전 깨는 행위인 셈이다.

허나 비렘수면의 역할을 함부로 축소시키며 건너뛰는 건 무리다. 깊은 수면 단계에 이르러야 비로소 몸과 뇌의 회복 과정이 일어날 수 있다. 각 수면 단계를 모두 빠짐없이 거치는 것이 중요한 이유다.

당장에 테슬라는 위버맨 수면법의 부작용을 몸소 증명했다. 하루에 2시간씩만 자 버릇하던 그는 결국 스물다섯에 신경쇠약이 왔다. 이처럼 무리하게 쪽잠을 시도했다간 테슬라처럼 건강에 이상이 올 수 있다. 또한 졸음을 쉽게 느끼는 수면 무력증에 시달리게 될 수도 있다.

에디슨의 기이한 토막잠 실험

발명왕 토머스 에디슨(1847-1931)도 잠을 아주 하찮

[+] 관련한 자세한 내용은 이 책의 70p 하단 참고

게 여긴 사람이었다. 그는 "수면은 시간 낭비이며 원시 시대의 유산"이라는 말을 공공연히 하고 다닐 정도였다.[3] 실제로 에디슨은 밤낮으로 발명에만 몰두한 인물로 유명하다. 이는 생전에 전구는 물론 축음기, 영사기, 이중전신기, 탄소전화기, 전기냉장고, 티커 테이프 등 1000여 건이 넘는 특허를 등록한 것만 봐도 알 수 있다.

구슬을 쥐고 낮잠 자다

이 수많은 발명품을 만들기 위해 에디슨은 매일 4~5시간밖에 안 잤다고 한다. 대신에 그는 수시로 낮잠을 잤다. 특히 창의력을 끌어내고자 독특한 자세의 토막잠을 시도했다.

에디슨은 쇠로 된 공을 한 손에 쥔 채 팔걸이 의자에 앉아 잠을 청했다. 잠이 드는 순간 손에 힘이 풀리며 공이 떨어지면 바닥에 쾅 하는 소리가 났고, 에디슨은 그때 잠에서 깨어났다. 이는 의도된 세팅이었다. 그는 수면과 각성 사이에 떠오르는 착상을 건져내고 싶어했다. 그 찰나의 순간 창의적인 아이디어가 떠오를 거라고 믿었다.[4]

참고로 화가 살바도르 달리(1904-1989)도 에디슨과 비슷한 시도를 했었다. 달리는 열쇠 한 묶음을 손에 들고 토막잠을 잤다. 열쇠를 쥔 손 바로 아래 철판을 둔 채로. 달리 또한 레오나르도 다빈치와 에디슨처럼 깊은 수면 단계에 도달하기 직전 깨어나길 시도했던 것이다.

이런 기이한 쪽잠 실험이 과연 효과가 있었을까. 국제 학술지 《Science Advances》에 실린 한 신경과학 연구에 따르면 전혀 근거 없는 이야긴 아닌 듯하다. 연구팀은 실험 참가자들의 손에 컵을 쥐어주고 20분간 휴식을 취하게 한 뒤 창의력을 발휘할 수 있는 문제들을 풀게 했다. 결과는 어땠을까. 놀랍게도 깜빡 잠이 들면서 컵을 떨어뜨리는 바람에 깨어났던 참가자들 성적이 내내 깨어 있던 참가자들보다 훨씬 좋았다. 선잠 상태Hypnagogia state, 즉 에디슨이나 달리처럼 깊은 잠에 막 빠지려다 번뜩 정신을 차리며 깨어났던 이들의 창의성이 더 높게 나왔다.[5]

에디슨도 잠을 보충해야 했다

자, 그렇다면 창의성을 끌어내기 위해 우리도 뭐라

도 쥐고 잘 준비를 해야 할까. 그런 생각을 했다면 잠깐 멈춰보자. 그건 좋은 방법이 아니다. 이렇게 잠을 갖고 실험하다간 자칫 하루를 망쳐버릴 수 있다.

에디슨도 사실 '프로 낮잠러'였다. 연구실 한쪽엔 늘 침대와 베개가 상주해 있었다. 72시간을 내리 안 자고 연구에 몰두한 뒤 침대에 쓰러져 자고 있는 사진도 남아 있다.

에디슨은 장소를 가리지 않고 잤다. 공원 풀밭에서 팔을 괴고 잤고, 서재 의자에 앉아 꾸벅꾸벅 졸았으며, 도서관 책상에 엎드려 잠을 청하기도 했다. 그렇게 매일 1-2시간씩은 꼭 낮잠을 잤다고 한다. 그도 타고난 '숏 슬리퍼short sleeper'는 아니었던 게 틀림없다. 한번은 그의 발명품 가운데 하나인 프린트 기계에 문제가 생겨 이틀 하고 반나절(60시간) 동안 일에 몰두한 적도 있었는데, 이후 그는 곧바로 30시간을 연달아 잤다고 한다.[6]

숏 슬리퍼를 따라하면 안 되는 이유

적게 자도 괜찮은 사람들, 즉 숏 슬리퍼는 특별한 케이스다. 이들은 '생체 시계 유전자에 변이가 일어난' 소수의 사람들이다. 스탠퍼드대 수면생체리듬SCN 연구소 소장 니시노 세이지는 『스탠퍼드식 최고의 수면법』(2017)에서 이렇게 강조한다. "대부분의 사람에게는 단시간 수면 유전자가 없다. 그런 사람이 단시간 수면을 목표로 삼는다면 크게 잘못된 선택이다."[7]

우리는 떡끈펭귄이 아닌 인간이다. 위버맨 수면법이나 에디슨의 쪽잠 실험을 무작정 따라했다간 괜히 건강만 버릴 수 있다. 잠을 제때 잘 못 자면 기억력도 감퇴하고 노화 속도도 빨라질 수 있다. 깨어 있는 동안 집중력도 현저히 떨어지게 된다. 어디 그뿐인가. 단시간 수면은 면역체계를 악화시키며 비만과 당뇨병, 고혈압 같은 생활 습관병을 유발할 수 있다.[8] 좋을 게 하나도 없다.

잠을 잘 동안 우리는 깨어 있을 때와는 다른 방식으로 의식하고 감각한다. 수면 시간은 무의식을 탐험할 수 있는 꿈의 세계와 맞닿아 있는 시간이기도 하다. 그렇기에 나는 숏 슬리퍼 유전자를 타고난 사람도 별로 부럽지 않다. 오히려 어떻게든 쪽잠을 청하며 힘껏 살아남는 펭귄과 기린에게 더 마음이 간다.

나는 죽을 때까지 잠을 사수하는 인간이 되고 싶다. 내게는 그것이 바로 성공한 삶이다.

Chapter 3
자고 있는 거 맞아요

바다거북의 잠
7시간 동안 물 속에서 숨 참고 자기

문 척삭동물 | 강 파충류 | 목 거북목

살다 보면 가끔 숨이 턱, 막힐 때가 있다. 지난해 (2023년) 4월 인도네시아 길리 섬으로 떠나기 직전 내 상황이 그랬다.

뭐 하나 제대로 풀리지 않는 나날이었다. 사랑은 또다시 어렵기만 했고, 오랜만에 다시 시작한 회사 생활도 영 순탄치 않았다. 건듯하면 화날 일이 생겼고, 그때마다 밤잠을 설치기 일쑤였다. 피곤한 날이 잦아지자 자주 기분이 다운됐다. 출근 전후로 열심히 소설을 쓰기로 했던 다짐도 점점 옅어져 갔다.

'나 지금 잘 살고 있는 걸까.' 어느 날 저녁, 어둠 속에 가만히 누워 생각했다. 내가 가장 소중히 여겼던 것들이 조용히 멀어져가고 있었다. 매 순간 불안도가 점점 높아져 갔다. 오랜만에 내 안의 무언가가 무너져내린 느낌…… 그 정체 모를 기운을 어떻게든 간절히 떨쳐내고 싶었다.

휴가를 내고 잠시나마 어디로든 떠나기로 했다. 이왕이면 아주 뜬금없고 예상치 못했던 곳으로. 그때 불현듯 떠오른 곳이 하나 있었으니 바로 길리 트라왕안이었다. 바다거북이 많이 살고 있는 곳으로 알려진 인도네시아의 아름다운 섬이었다.

나는 함께 여행 가기로 한 지영 선배에게 당장 연락했다. "선배, 저희 길리 섬으로 가면 어때요? 가서 바다거북이한테 소원 빌고 싶어요!"

길리섬 바다거북과 영접하다

그야말로 벅차오르는 순간이었다. 영험한 존재를 마주한 기분이었달까. 바다거북은 모든 걸 다 깨친 현자 같은 표정으로 유유히 바다를 헤엄치고 있었다. 바라만 봐도 힐링이 되는 기분이었다.

그들의 날갯짓은 너무도 여유롭고 우아했다. 생각보다 헤엄치는 속도가 굉장히 빨랐다. 육지에서는 몸

길리섬 바다거북과 처음 마주한 순간

을 움직이기도 버거워 할뿐더러 자주 멈춰선다지만, 바닷속에서만큼은 시원하게 날아다녔다.

바다거북이 보일 때마다 무언가에 홀린 듯 열심히 뒤쫓았다. 하지만 안타깝게도 나는 육지 생활이 더 익숙한 인간이었다. 스노클링 장비를 제대로 뒤집어쓰지 못했던 탓일까. 물속에 오래 있는 건 생각보다 견디기 힘들었다. 고글과 호스를 비집고 스며드는 바닷물이 자꾸 신경 쓰였고, 숨을 쉬기 위해 물 밖으로 나오길 반복했다. 그러다 어느 순간 엄청난 현기증이 밀려오고 말았다.

그런 나와 달리 바다거북은 너무도 편안해 보였다. 물론 바다거북과 나는 비교할 군번도 못 될 것이다. 그들은 이름 그대로 대부분의 시간을 바다에서 보내는 동물이다. 알을 낳기 위해 일 년에 한두 번 육지로 가는 것을 제외하고.[+]

그렇다고 바다거북이 물고기처럼 아가미로 호흡하는 건 또 아니다. 바다거북은 다른 육지 동물처럼 허파로 숨쉰다. 다만 허파의 비중이 몸집 대비 큰 편이어서 물속에 오래 있기 용이하다.

그런 바다거북도 해수면 위로 가끔씩 올라온다. 재빠르게 머리를 내밀고 숨을 쉬었다가 물속으로 다시 들어간다. 길리 섬에서 보트를 타고 스노클링 장소로 이동하던 중에도 이런 바다거북을 여럿 보았다. 반짝

[+] 거북이는 섬에서 진화한 동물로 바다거북을 포함한 350여 종의 거북이가 육지와 강, 호수, 바다에서 살아간다. 어디에 살든 모두 육지의 모래나 흙 속에 알을 낳는다.[1]

열대어에 둘러 쌓인 나. 빵가루를 뿌리자 물고기들은 기다렸다는 듯 돌진했다(위). 아래는 바다거북 출몰 스팟에 모인 스노클러들. 사진 속 해수면 위로 떠 있는 머리들은 바다거북의 것이 아니다!

이는 해수면 위로 부표처럼 둥실둥실 떠올랐다 사라지는 그들은 정말이지, 너무도 아름다웠다.

물속을 육지보다 더 편안히 여기는 바다거북은 잠도 바닷속에서 잔다. 해수면 가까이 혹은 산호초 깊은 곳이나 해저 암벽 틈 사이에서. 놀라운 건 이들이 바닷속에서 7-10시간까지도 잘 수 있다는 사실이다. 아가미도 없는 바다거북이 어떻게 그토록 숨을 오래 참을 수 있는 걸까?

바다거북의 오랜 잠수 비결

바다거북은 물속에 오래 있기 위해 특별한 적응 능력을 키워왔다. 우선 그들은 허파가 크고 혈액 내 산소를 운반하는 헤모글로빈 수치가 높다. 특히 물속에서 잠을 청하는 순간엔 심박수와 호흡이 극적으로 느려진다. 또한 저산소 상태에 내성이 강하며 산소 없이도 물 속에서 몇 시간을 버틸 수 있다.[2]

휴면brumation 상태일 때도 비슷한 반응을 보인다. 겨울잠을 자는 동물들이 추위를 피해 동면하며 에너지를 비축하듯 바다거북은 주변 온도가 추워졌을 때

바다로 돌아갈 준비를 하는 푸른바다거북. 바다거북은 올리브바다거북, 장수거북, 납작등바다거북, 푸른바다거북, 매부리바다거북, 붉은바다거북, 캠프각시바다거북 등 7종이 있다. 모두 멸종 위기종이다. 길리 트라왕안 섬엔 주로 매부리바다거북과 푸른바다거북이 서식한다. 내가 만난 거북은 주둥이 앞쪽 끝이 매의 부리처럼 뾰족한 매부리바다거북이었다.

따뜻한 물로 이동하며 휴면 상태에 들어간다. 이들은 몸을 움직이면서 열을 내고, 이 체열을 두꺼운 지방층에 보존한다. 바다거북은 체온을 따뜻하게 유지할 수 있는 곳을 선호하기에 주로 대서양과 태평양, 인도양 등지 열대 해역에서 발견되곤 한다.

영겁의 시간을 품은 신비로운 항해자

사실 바다거북이 신비롭게 느껴졌던 건 그들의 오랜 잠수 능력 때문만은 아니다.

바다거북은 인간보다 훨씬 오래 전부터 지구상에 존재해온 생명체다. 무려 1억 5천만여 년 전 등장해 이후 온갖 대형 파충류들이 전멸됐던 백악기 대멸종 시기를 버티고 살아남은 종이다.[3] 그렇다. 바다거북은 강인한 생명력과 엄청난 시간을 품은 존재인 것이다. 그런 바다거북을 눈앞에서 직접 마주하니 나도 모르게 겸허해졌던 것 같다.

바다거북에겐 뛰어난 잠수 능력과 더불어 또 하나의 특별한 능력이 있다. 바로 자기수용magnetoreception 감각, 즉 지구의 자기장을 감지할 수 있는 능력이다.

바다거북은 예민하고 섬세한 자기 감각 덕분에 산란기가 되면 자신이 어디로 가야 하는지 본능적으로 안다. 그들은 나침반도 없이 수천 수만 킬로미터를 헤엄쳐 자신이 태어났던 곳으로 돌아가 알을 낳는다. 남대서양 한복판에 있는 섬에서 태어난 바다거북은 천여 킬로미터 넘게 헤엄쳐 브라질 해안가에 갔다가도 부화할 때가 되면 자신이 태어났던 작은 섬을 용케 찾아 돌아갈 수 있다.[4] 나는 네비게이션을 켜고도 종종 길을 헤매는데, 이들은 아무런 표지판도 없는 그 드넓은 바닷속에서 가야 할 곳을 정확히 알고 찾아간다.

다만 안타깝게도 그 항해의 여정은 점점 험난해지고 있다. 인간이 내다버리는 쓰레기 탓이다. 바다거북은 바다에 떠 있는 하얀 비닐봉투를 해파리로 착각해 덥석 삼키기도 한다. 실제로 바다거북을 부검해보면 비닐과 스티로폼, 그물, 나일론 끈 등 다양한 폐기물이 심심찮게 발견된다고 한다.[5]

알을 낳기 위해 도착한 해변도 결코 안전하지만은 않다. 리조트나 유흥지로 개발된 곳들이 태반이다.

바다거북이 내게 준 선물

사실 나도 잘못한 게 하나 있다. 바다거북을 발견하고 너무 반가웠던 나머지 (그리고 소원을 빌고자) 바짝 다가가 등껍질을 쓰다듬었다. 그것도 두 번이나! 나중에 알고 보니 그래선 안 되었다. 그러면 바다거북에게 박테리아를 옮기거나 스트레스를 줄 수 있어 위험하다고 한다.

함부로 만졌던 건 미안하지만 그래도 정말 고마웠다고 꼭 말해주고 싶다. 아무 말없이 나를 스쳐 지나갔을 뿐인데 신기하게도 큰 위로를 받았다.

요즘에도 힘든 순간이 찾아올 때면 매부리거북과 함께 헤엄쳤던 순간을 떠올린다. 그러곤 마음 속으로 기도한다. 조급해하지 말자고, 바다거북처럼 여유롭게 유영하듯 그렇게 마음을 잘 다스리며 살자고.

곰벌레의 잠
휴면 상태로 우주까지 가다

문 완보동물

한동안 달 사냥꾼이라도 된 것처럼 매일 밤 달을 찾아다녔을 때가 있다. 저녁마다 산책과 러닝을 꾸준히 했던 시기였는데, 그때마다 하늘을 올려다보면 (흐린 날을 빼곤) 늘 달이 보였다.

달을 볼 때면 이상하게도 안심이 됐다. 여기, 내가 발 딛고 살아가는 곳이 지구라는 사실을 깨닫게 되었으니까. 그러니까 여기는 고작, 드넓은 우주 속 아주 작은 지구라는 행성일 뿐인 것이다.

그런 생각이 들면 나의 괴로움이나 고민 따윈 좀 하찮게 느껴지곤 했다. 출구가 있다는 사실은 나를 다시 숨쉬게 했다. 그래, 지구는 유일한 곳이 아니야.

나는, 우리는 어디든 박차고 나갈 수 있어. 나가자마자 숨이 쉬어지지 않더라도, 우주의 먼지가 되어 유영하게 되더라도. 하지만 지구 탈출은 (당연히) 내겐 쉬운 일이 아니었고, 나는 그저 집으로 돌아가 다음 날을 위해 잠을 청할 뿐이었다.

 따지고 보면 설령 우주로, 달로 갈 기회가 생기더라도 그곳에선 숨도 제대로 못 쉴 게 뻔하다. 그러니 나는 지구 안에서 내가 몸 담고 있던 조직들을 박차고 나오는 걸로 대신했을 수밖에. (게다가 몇 번의 '지구 안 탈출'을 감행한 끝에 얻은 나의 결론은 어디에 있든 중요한 건 결국 내 마음가짐과 태도였다는 사실이었다.)
 물론 마음가짐과 태도만으로 극복할 수 없는 상황에선 자신을 지키기 위해 무슨 일이든 해야 한다. 탈출을 하든, 무장을 하든.

 곰벌레는 극한 조건에 처하면 탈출 대신 특별한 수면 상태로 온몸을 무장한다. 그렇게 지금까지 그들은 벌써 몇 번이나 우주를 여행했다.

곰벌레는 여러 번 지구 밖을 나간 생명체다.

곰벌레의 화려한 우주 여행 이력

곰벌레가 처음 우주에 갔던 때는 2007년. 그해 유럽우주국ESA은 무인 우주선에 곰벌레를 태워 보냈다. 이 작은 생명체는 방사성 물질에 무방비 상태로 노출된 채 무려 열흘을 버텼다. 아무런 보호 장비도 없이.+

이후에도 곰벌레는 여러 번 우주에 갈 기회가 생긴다. 2011년 11월엔 화성의 달 포보스까지 왕복하는 우

+ 사실 곰벌레는 너무 조그맣기에 우주복을 입히기도 불가능하다. 곰벌레의 몸집은 1mm 내외로, 펜으로 종이에 점 하나 딱 찍었을 때 정도의 크기다. 곰벌레를 검색하면 나오는 오동통한 몸은 현미경으로 기본 몇 백 배는 확대한 버전이다.

주 탐사선에, 2019년 4월엔 달로 향하는 이스라엘 우주선에 탑승했다. 안타깝게도 포보스행 우주선은 지구로 재진입하다 불타버렸고, 이스라엘 우주선도 달 착륙에 실패하며 추락했다. 휴면 상태로 인조 호박에 몸을 담근 채 달로 향했던 곰벌레 수천 마리는 결국 우주에서 생을 마감해야 했다.[1]

곰벌레가 우주선에 거듭 실리는 이유는 그들의 미친 생명력 덕분이다. 몸집이 커봐야 1.5mm를 넘지 않는 그들은 작지만 막강하다. 우주와 같은 진공 상태는 물론 절대 영도에 가까운 극저온(섭씨 -272.8도)에서도, 섭씨 151도의 고온에서도 살아남는다.++ 대부분의 동물이 목숨을 잃는 방사선 수치보다 몇 배는 더 높은 방사선도 견뎌낸다. 강력한 우주

++ 최근엔 곰벌레가 고온에는 취약하다는 연구 결과가 나오기도 했다. 2020년, 덴마크 코펜하겐 대학의 리카르도 네베스 박사 연구팀에 따르면 곰벌레는 휴면 상태일 때에도 섭씨 82.7도에선 1시간밖에 생존하지 못했다. 24시간 동안 버틸 수 있는 최고 온도는 섭씨 63.1도였다. 연구팀은 "곰벌레는 극한의 환경을 견딜 수 있는 것으로 유명하지만, 고온에 버티는 능력은 분명히 상한선이 있다"고 말했다.[3] 하지만 이러나 저러나, 인간보다 고온에 훨씬 센 것만은 틀림없어 보인다.

선cosmic ray이나 태양 복사선에 직접 노출되어도 문제없다.[2]

웬만한 압력에도 끄떡없다! 지구상 가장 깊은 해저 밑바닥에서의 수압보다 6배 더 강한 압력이 가해져도 죽지 않는다.

그나저나 우주라니. 아무리 생각해도 맨정신으론 버티기 힘든 극한 조건인데, 곰벌레는 어떻게 우주복 같은 안전 장치도 없이 멀쩡히 버틸 수 있었을까.

자는 걸까, 아님 죽은 걸까

그 비밀은 바로 곰벌레만의 특별한 휴면 상태tun에 있다. 곰벌레는 스트레스를 받는 극한의 환경에 처하면 휴면 상태에 돌입한다. 이 과정에서 수분을 거의 다 배출해 몸을 완전히 건조시킨 뒤 온몸의 세포막을 단단하게 만든다.

곰벌레의 평균 수명은 약 3달에서 2년 정도이나 이런 가사 상태로는 (지구에선) 120년까지도 버틸 수 있다.[4] 이 상태에선 신진대사 활동이 0.01%까지 줄어든다. 거의 죽은 상태나 다름없는 시간을 보내게 되는 것이다. 하지만 물이 닿는 순간 곰벌레는 다시 원래대로 돌아온다. 비나 눈이 내리거나 몸에 이슬 같은 물기가 닿으면 부활하듯 되살아난다.[5]

곰벌레의 이런 놀라운 능력은 인간에게도 많은 가능성을 시사한다. 이들의 특별한 변신 매커니즘을 파헤칠 수 있다면 냉동 인간 실험이나 우주에서 인간이 장시간 생존할 수 있는 비결도 알아낼 수 있을 것이다. 물론 곰벌레가 그 비밀을 쉽게 알려줄 것 같진 않다만.

곰벌레를 확대해 색을 입힌 이미지들을 보면 포대기에 쌓인 뚱뚱한 아기 같기도 하고 통통한 아기 돼지 같기도 하다. 완보동물tardigrade에 속하는 곰벌레는 영어로 water bear(물곰) 혹은 moss piglet(이끼돼지)라고도 불린다. 실제로 이들은 이끼에 사는 것을 좋아하며 수영도 매우 잘한다. 다만 움직임은 곰처럼 느릿느릿하다.

동그란 입에선 총알이라도 발사될 것 같은데, 잘 들여다보면 안쪽으로 날카로운 이빨들이 촘촘히 나 있다고 한다. 8개의 다리 끝엔 기다란 발톱들도 보인

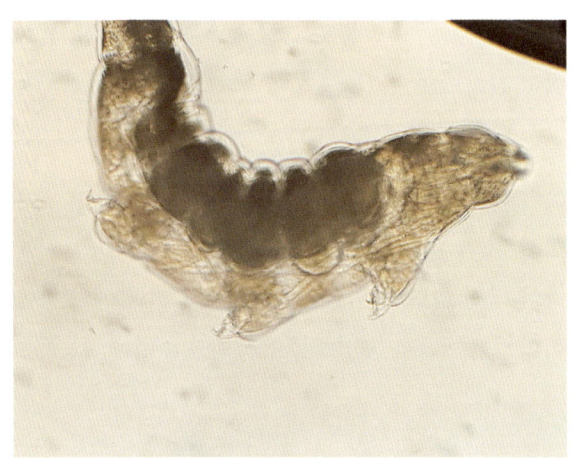

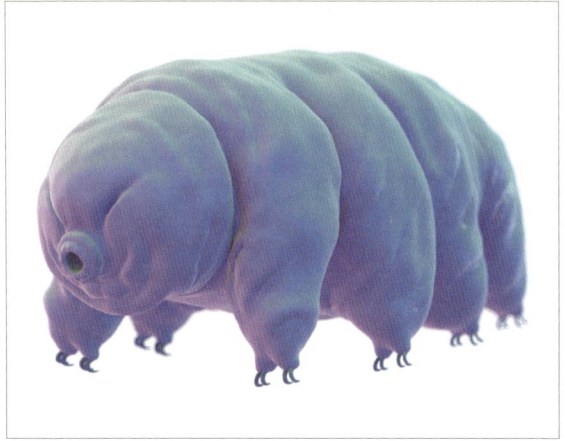

현미경으로 확대한 곰벌레(위)와 곰벌레 모양을 확대해 색을 입힌 이미지(아래). 곰벌레는 빙하나 열대, 극지방은 물론 습지, 해변, 민물, 모래언덕 등 지구상 거의 모든 곳에 산다. 그 종류만도 1000종이 넘는다.

다. 곰벌레는 이 발톱으로 물속 조류나 이끼를 뜯어 먹고 산다.[6]

 자꾸 보면 너무 못생겨서 귀엽기까지 하다. '못잘생김'의 느낌이랄까. 하지만 아쉽게도 몸집이 너무 작아 만질 수도, 안아줄 수도 없다. 그저 앞에와 같은 이미지로 커다란 곰벌레를 상상해볼 수밖에.

물고기[+]의 잠
잘 때도 두 눈 번쩍 뜨고

✦

문 척삭동물

  살면서 물고기를 몇 번 키워본 적 있는데 그중 잊을 수 없는 아이가 하나 있다.

  첫 직장에서 1년차 기자로 지내던 때의 일이다. 사회부 수습을 끝내고 배치받은 국제부는 백프로 내근 부서였다. 그땐 현장에 나가 취재하고 싶다는 생각에 도무지 사무실에 정을 붙일 수 없었다. 뭐라도 소중한 것을 책상 위에 가져다 두면 나을까 싶어 동기들

[+] 어류는 측계통군, 즉 분류 구성원에 공통 조상은 있으나 공통 조상 내 모든 구성원이 해당 분류에 포함되진 않는 생물집단에 속한다.

과 청계천 수족관에 가서 물고기 한 마리를 사왔다.

엄지손가락 만한 구피였다. 녹색과 주황빛이 뒤섞인 화려한 꼬리를 가졌던 그 친구에게 나는 '아바타'라는 이름도 붙여줬다. 몸 색깔이 꼭 영화 〈아바타〉에 나왔던 나비족을 연상시켰기에.

불면증에 시달린 나의 첫 반려물고기

하지만 아바타는 얼마 못 가 곧 비실거리기 시작했다. 밥도 열심히 주고 물도 깨끗이 잘 관리해줬는데, 뭐가 문제였을까. 그야말로 미스테리였다. 부장의 짜증 섞인 목소리를 계속 듣다가 스트레스를 받았던 걸까. 비좁은 어항에 혼자만 있어서 외롭고 답답했을까. 아바타는 어느 날 같은 방향으로 힘없이 뱅뱅 돌며 회전하다가 결국 보름도 못 가 죽고 말았다.

슬퍼하는 내게 모 선배가 물었다. "너 밤중에 신문지로 어항 덮어 줬었어?" 국제부는 해외 뉴스를 다루는 부서인 만큼 시차 때문에 야근 당번들이 돌아가며 밤을 새우는 부서였다. 그래서 밤새 사무실 불이 켜 있는 층에 있었다. 모 선배는 아바타가 24시간 내내 매일 밝은 빛에 노출돼 있었기 때문에 잠을 제대로

나와 잠시 함께 살았던 아바타. 사진첩을 뒤져보니 2013년 5월에 찍은 사진이었다.

못 잤을 거라고 말했다.

'그러고 보니, 얘네는 대체 언제 잠을 자는 거지?' 그때 처음으로 물고기의 잠에 대해 생각해봤던 것 같다. 아니, 왜 잠자는 모습을 상상조차 못했을까. 이들이 매일 눈을 동그랗게 번쩍 뜨고 있었기 때문에?

자고 있는 거, 맞아?

물고기는 눈꺼풀이 없기에 매 순간 눈을 뜨고 있다. 잘 때도 마찬가지다. 그래서 물고기 연구자들은 다음과 같은 상황을 물고기의 수면 시간으로 추측했다.

1. 한동안 움직이지 않고 물 표면 가까이, 혹은 바닥에 가만히 떠 있을 때
2. 해초 안이나 산호 아래로 후퇴해 잠자코 있을 때
3. 빛을 쏘이거나 먹이를 떨어뜨려도 반응이 한없이 느릴 때++

++ 사실 이 세 가지 모두 '잔다'고 판단하기엔 애매한 구석이 있다. 잠시 멍 때리고 있는 순간일지도 모를 일 아닌가. 그래서 어떤 연구자들은 물고기의 잠을 '휴식rest'이란 말로 대신하기도 한다.[1]

물고기 오스카oscar는 밤이 되면 바닥으로 이동해 눈을 아래로 내리깔고 움직이지 않는다.

생각해보면 나의 아바타는 볼 때마다 조금씩이라도 몸을 움직이고 있었던 것 같다. 마침 눈여겨볼 만한 논문이 하나 있었다. 제브라피쉬를 대상으로 한 수면 실험 결과였다.

연구에 따르면 제브라피쉬에게 빛과 전기 자극을 주어 계속 못 쉬게 만들자 그들은 잠을 거의 못 잤다. 또한 전기 자극에 오래 노출되었던 제브라피쉬는 부족했던 잠을 보충하는 시간이 더 길었다.[2][+++]

그렇다면 모 선배의 추측이 맞았던 것 같다. 나의 아바타는 빛에 24시간 노출되어 있느라 잠을 제대로 못 잤던 것이다.[++++]

한편 잠을 원래 안 잔다고 여겨지는 물고기도 있

[+++] 다만 해당 연구에서 제브라피쉬는 빛을 다시 없앴을 땐 잠을 따로 보충하지 않았다. 그들에겐 빛이 잠을 방해했던 것은 분명하나 수면을 보충하게 하는 요인까진 아니었다. 빛에 대한 제브라피쉬의 특이한 반응을 두고 학계에선 다양한 연구가 이루어지고 있다.

[++++] 인간이 일주기리듬, 즉 몸 안의 생체 시계에 영향을 받으며 일정한 사이클에 따라 잠을 자듯이 물고기도 마찬가지다. 참고로 일주기리듬은 빛과 온도, 식사 시간 등에 따라 달라질 수 있다.

눈이 없는 장님동굴물고기

다.+++++ 빛이 미처 도달하지 못하는 깊은 해저에 사는 물고기, 태생적으로 눈이 보이지 않는 장님동굴물고기 등이 그 예다. 블루피쉬나 가다랑어처럼 늘 해표 근처에서 무리지어 이동하는 물고기도 계속 유영을 해야 되기 때문에 딱히 잠을 잔다고 추측할 만한 행동을 보이지 않는다.³

+++++ 상어나 가오리 같은 물고기는 뇌의 반은 자고 반은 깨어 있는 단일 반구 서파 수면을 한다. 이는 엄밀히 말해 잔다고도, 깨어 있다고도 할 수 없는 상태다.

우리가 잠을 자는 주된 목적이 하루 동안 지친 신체와 정신 건강을 회복하고 기억을 선명히 저장하기 위해서라면, 깊은 물속에 살거나 눈이 안 보이는 물고기들은 따로 잠을 잘 필요가 없다는 의견도 있다. 깊고 조용한 바다에선 별다른 환경 변화나 자극 없이 천천히 헤엄치며 매일을 보낼 테니 에너지 소모도 크지 않을뿐더러 특별히 기억할 만한 에피소드도 없을 거라는 추측이었다.

이런 해석은 개인적으로는 크게 와 닿지 않는다. 인간도 처음부터 빛이 없는 동굴에서 태어나 그곳에서 계속 살게 되면 잠을 안 자게 될까. 선천적으로 눈이 보이지 않는 사람도 잠을 자고 꿈도 꾸지 않나. 물론 인간과 물고기의 생체 구조나 생활 환경은 완전히 다르고, 그에 따른 수면 패턴 또한 차이가 크겠지만.

물고기에게도 단잠이 필요했다

어쨌든 나의 첫 반려물고기 아바타는 수면 박탈에 시달리다 세상을 떠났다. 사실 아바타가 비실거리기 시작했을 때 이 친구를 회사로부터 피신시키고자 곧장 집으로 데려왔다. 하지만 이미 쇠약해져 있던 아바타는 집에 온 지 거의 삼 일만에 죽었다. 비가 오는 날이었다. 출근 전 아파트 단지 화단에 아바타를 묻어주고 조용히 기도했던 날이 떠오른다. 물에 살던 아바타는 그렇게 죽어서 땅에 묻혔다.

그로부터 5년 뒤, 나는 다니던 회사를 나왔다. 그 사이 부서도 여러 번 바뀌고 현장도 누빌 수 있게 됐었지만 내 마음은 이미 회사를 떠난 지 오래였다. 6년간 몸 담았던 직장을 마침내 나오기로 결심한 뒤, 사표 제출을 앞두고 거의 2주 넘게 한숨도 못 잤다. 결코 쉬운 결정은 아니었다. 하지만 그때 나는 다른 방식으로 세상을 바라보고, 다른 종류의 글을 쓰고자 하는 열망이 너무도 컸다. 더 늦기 전 무너진 일상을 복구하고 나만의 리듬을 되찾고 싶었다.

퇴사 후 반년 뒤 출판사—나의 두 번째 직장이었다—로 재취업하기 전까지, 6개월 동안 정말 잘 쉬었다. 아침마다 요가를 하고, 매끼를 정성껏 차려 먹고, 책도 실컷 읽고, 글도 많이 썼다. 정처 없이 걷기도 참 많이 걸었다. 여행을 좋아하는 나였지만 이상하게도 그땐 딱히 멀리 떠나고 싶지도 않았다. 그저 평온하게 하루하루를 지낼 수 있다는 사실 자체가 감사했다.

물론 여전히 잠은 종종 설쳤다. 어떤 날은 뭐든 다시 시작할 수 있을 것처럼 꿈에 부풀었다가도, 어떤 날은 마냥 또 불안해지곤 했다. 불투명한 미래가 두렵기도 했다.

불면의 밤이 찾아올 때면 먼저 간 아바타를 떠올리며 애써 다시 잠을 청했다. '일단 자자, 자고 일어나서 생각하자. 자고 일어나면 별일 아닐 거야' 하면서. 다행히 다음 날 눈을 뜨면 정말 별일 아닌 것들이 대부분이었다. 잠은 그렇게 나를 매일 회복시켜주고, 새로 태어나게 해주었다.

지금쯤 나의 아바타도 꿈속 세계 어딘가에서 신나게 헤엄치고 있겠지. 그곳에선 부디 넓은 강가에서 자유롭게 유영하고, 잠도 매일 잘 잤으면 좋겠다.

인간의 잠
동물 꿈을 꾸는 인간

✦

 평소 꿈을 많이 꾸는 편이다. 동물 꿈도 자주 꾼다. 몇 년 전 맘에 드는 습작물을 하나 완성하고 잠들었던 날엔 꿈에 새하얀 비둘기가 나왔다. 방 안에 함께 있던 그 새는 곧 창밖으로 날아갔는데, 내다보니 바로 앞에 맑고 드넓은 연못이 있었다. 나는 담장을 넘듯 창문 밖으로 발 한쪽을 막 걸쳐 놓던 도중 잠에서 깨어났다.

 고양이도 꿈에 종종 등장한다. 어느 날엔 꿈에서 아주 뚱뚱한 바둑 무늬 고양이를 만났다. 데굴데굴 굴러갈 정도로 통통한 '뚱냥이'였다. 너무 푹신해 보였던 나머지 보자마자 덥석 안아 들었다. 그와 동시에 내 입에선 비명이 터져 나왔다. 녀석이 숨기고 있던 날카로운 발톱에 허벅지가 푹 찔렸기 때문이다.

　복슬복슬한 갈색 푸들이 나왔던 꿈도 생각난다. 그 꿈의 결말은 뚱냥이 때보다 더 무서웠다. 꼬리를 흔들며 반갑게 달려오는 푸들을 꼭 껴안아줬는데, 안자마자 식겁해야 했다. 푸들이 내 목덜미를 세게 물었기 때문이다…… 그 귀엽고 살벌한 강아지는 아무리 발버둥쳐도 내 목을 놔주지 않았다. 나는 식은땀을 흘리며 잠에서 깨어났다. (아무리 생각해도 참 미스테리다. 덥석덥석 안았던 게 문제였을까.)

　물론 이렇게 당하는 꿈만 꾸는 건 아니다. 얼마 전 새벽엔 폭포수가 떨어지는 산골에서 새끼 바다거북을 구해주는 꿈을 꿨다. 꿈속에서 나는 제법 능숙하게 거북이를 돌봐줬다. 언젠가 언니네 반려거북이를 보름간 맡아준 적도 있었기에 아기 바다거북도 그리 낯설지 않았다.

올해(2024년) 6월 첫 소설집 출간을 앞두고도 꿈에 여러 번 동물이 등장했다. 다행히 그즈음 꿈에 나왔던 동물들은 나를 해치지 않았다. 다음은 당시 일기에 남겨두었던 몇몇 꿈에 대한 기록들이다.

2024년 6월 9일 (일)
어젯밤, 꿈에서 가슴에 쥐를 품고 있었다. 정체를 알 수 없는 빌딩 안으로 들어가려던 참이었는데, 건물 관리인이 갑자기 날 막아서더니 몸을 수색했다. 나는 품속에 안아 든 쥐를 들키지 않으려고 몸을 잔뜩 움츠렸다. 기적적으로 무사히 검문을 통과했다. 한적한 곳으로 대피한 뒤 조심스레 쥐를 꺼냈다. 아기 주먹 만한 회색 쥐였다. 온몸에 커다란 수은 같은 은방울 수십 개가 맺혀 있었다. 순간 너무 징그러워 보여 손에서 떨쳐내려 했다. 하지만 이내 맘이 약해졌다. 쥐가 내 손가락을 가볍게 문 채 애틋한 눈빛을 보내고 있었기에…… 나는 녀석을 내팽개치는 대신 조심스레 바닥에 내려놓았다. 그 순간 꿈에서 깨어났

다. 일어나자마자 네이버 검색창에 쥐 꿈 해몽을 찾아봤다. 여러 해몽 가운데 특히 눈에 띄는 내용이 있었다. '당신의 작업물에 진척이 있고, 그것이 타인에게 인정을 받게 된다'라니. 놀랍게도 이는 현실에서 바로 이뤄졌다. 오늘 은혜쌤에게 며칠 전 막 인쇄를 마친 따끈따끈한 『훌리오』를 선물했는데, 방금 쌤으로부터 잊지 못할 피드백이 도착했던 것이다! 독자분께 받는 첫 피드백이라니. 나는 쌤이 보내주신 장문의 카톡을 읽고 또 읽었다……

2024년 6월 13일 (목)

오늘 꿨던 꿈을 부랴부랴 기록해둔다. 작은 알에서 새가 부화했지. 나는 두 손으로 그 새를 소중히 들고 있었다. 며칠 전 나왔던 쥐도 그렇고, 꿈속에서 나는 아주 자그마한 동물을 늘 두 손으로 보물처럼 쥐고 있다. (중략) 갓 태어난 아기처럼 조심스레 들고 있는 그들이 무엇을 의미하는지, 어렴풋이 알 것도 같다. 내게 그것은 다름 아닌 『훌리오』였다. 요즘 내 머릿속은 다음 주부터 유통될 『훌리오』로 가득 차 있다. 훌리오가 부디 무사히 잘 성장해주기를, 내가 미처

알지 못했던 여러 독자의 품으로 날아가주기를…….

2024년 6월 14일 (토)

통영에서 맞이하는 아침. 너무나 아름답고 상쾌하다. (중략) 그나저나, 간밤에 또 쥐꿈을 꾸었다. 이번엔 작은 새끼 쥐 두 마리였는데, 둘이 앙증맞게 꼭 붙어서는 집안 구석구석을 돌아다니고 있었다. 「잭오랜턴의 구멍」에 쥐를 등장시켜서 그런가, 요즘 꿈에서 쥐가 자주 나온다. 여하튼 쥐꿈 해몽은 찾아볼 때마다 대체로 의미가 좋다. 새 출발, 작지만 큰 결실, 사업운 이런 키워드들이 자주 보인다. 괜히 기분 좋고 힘이 난다. 근데 나 천주교 신자면서 왜 이리 해몽에 집착하는 거지! 쨌든, 부디 해몽대로 모든 일이 이뤄지기를…….

2024년 6월 16일 (일)

새벽에 소파에서 책을 읽다 잠이 들었다. 그사이 꿈을 꾸었다. 꿈에서 엄마가 밥 먹으라고 부르셔서 부엌에 갔는데, 의자를 빼다가 화들짝 놀랐다. 식탁 아래 작은 연못이 있었기 때문이다. 연못 안에는 엄청나게 큰 주황색 잉어가 헤엄치고 있었다. 살이 통통하게 오른 그놈은 수면 위로 주둥이를 내민 채 뻐끔거리고 있었다. "세상에, 이게 뭐야!" 나는 빽 소리쳤다. 한동안 눈살을 찌푸린 채 바라보고만 있었다. 왠지 모르게 좀 징그러웠다…… 그러다 순간 잠에서 깨어났다. 오늘도 일어나자마자 해몽을 찾아보았다. 잉어 꿈은 태몽이라는 말이 보였다. 주변에 누가 임신했나? 그럴 만한 사람은 딱히 떠오르지 않았다. 언니에게 전화해 물어보니 막 웃었다. 자긴 아닐 거란다. 다른 해몽을 뒤져보았다. '일에서 좋은 성과나 인정을 받는다'라는 글귀가 눈에 띄었다. 지난주 쥐 꿈을 꿨을 때도 비슷한 해몽을 봤는데, 반갑고 신기했다. 흠, 근데 해몽의 세계도 참 알 수 없다. 가끔은 같은 꿈에 정반대의 해석이 함께 있다. 귀에 걸면 귀걸이, 코에 걸면 코걸이…….

동물도 사람처럼 꿈을 꿀까

내가 동물 꿈을 꾸듯 동물도 사람 꿈을 꿀까. 아니, 꼭 사람 꿈이 아니더라도 꿈이라는 걸 꿀까. 꾼다면 그들은 꿈속에서 무엇을 보고 느낄까.

인간은 주로 렘수면(REM) 단계에서 꿈을 꾼다. 이 단계는 몸은 자는 듯 보여도 뇌는 활발하게 활동하는 상태다. 꿈을 꿀 때 우리 눈동자는 좌우로 빨리 움직인다. 호흡과 심박수가 증가하고, 주기적으로 신체에 경련이 일기도 한다. 연구자들은 그간 동물에게도 렘수면 단계와 비슷한 상태를 수없이 발견해왔다. 고양이나 말, 생쥐 등이 수면 도중 두 눈을 빠르게 움직였다. 잠자던 갑오징어는 주기적으로 팔과 눈동자를 경련하듯 움직였으며, (안전한 환경에 있었음에도) 피부색을 극적으로 바꾸었다. 문어도 자면서 온몸을 여러 차례 오색찬란한 빛깔로 물들였다. 적을 만나 몸을 위장하거나 먹이를 사냥할 때처럼 그렇게 몸 색깔을 바꾸었던 것이다.[1]

그들은 정말 꿈을 꾸고 있었을까. 싸우거나 사냥하는 꿈이라도 꿨던 걸까. 사실 동물들이 직접 말해주지 않는 한 진실은 알 길이 없다. 렘수면 단계처럼 보이는 그들만의 또 다른 수면 단계에 있었던 것일지도 모른다. 혹은 꿈을 꾼 게 아니라 잠시 깨어나 뭔가를 회상하고 있었을지도 모른다. 혹은 그저 아무 의미 없이 발생한 현상이었을지도 모르고. 혹은, 혹은······.

수많은 가설을 던져볼 수 있겠지만 그 와중에도 나는 내심 믿고 싶었다. 그러니까 '동물도 사람처럼 꿈을 꾼다'고. 내가 꿈속에서 동물들을 만날 수 있었다면, 그들도 꿈속에서 날 만날 수 있길 바랐다. 동물들과도 꿈의 세계를 공유하고 싶었다.

고맙게도 이런 막연한 내 바람에 힘을 실어주는 증거들이 보였다. 데이비드 페냐구즈만은 그의 책 『우리가 동물의 꿈을 볼 수 있다면』(2024)에서 수많은 동물 연구 결과와 철학적 사유를 바탕으로 '동물도 꿈을 꾼다'고 조목조목 주장한다. 특히 저자는 동물의 꿈을 논할 때 반드시 짚고 넘어가야 할 대전제를 날카롭게 지적한다. 그것은 바로 동물도 인간처럼 감정을 느끼고, 주체적으로 상황을 판단할 줄 알며, 자유롭게 상상할 수 있는 생명체임을 인정하는 것이었다.

꿈은 감정과 기억, 상상력의 산물이다. 인간이 꿈을 꿀 때 일어나는 현상을 단순히 '수면 역학'을 넘어 '꿈'으로서 재해석할 수 있는 이유는 우리가 그 꿈을 의식하는 주체이기 때문에 가능하다. 동물도 꿈을 꾼다고 말할 수 있으려면 동물 또한 그런 존재임을 받아들일 수 있어야 한다. 물론 그들이 세계를 감각하고 표현하는 방식은 인간과 완전히 다를 수 있겠지만 말이다.

다만 이를 인정하려면 우리가 얼마나 모순적인 존재인지 또한 직시해야 한다. 동물도 감정이 있으며 고통과 통증을 느낀다는 연구 결과가 무수히 쏟아져 나오고 있음에도, 인간은 여전히 수많은 동물을 필요 이상으로 살육한다. 또한 그들의 의지와 상관없이 반려동물로 사유화한다.

나 또한 예외가 아니다. 채식주의자로 거듭나고자 했던 나의 도전은 7개월을 넘기지 못했다. (그때도 생선까지는 먹는 페스코테리언이었다.) 나는 실내에서 알록달록한 무당벌레를 보게 되면 너그럽게 창밖으로 내보내주면서, 발이 사방군데 달린 돈벌레를 마주하면 기겁하며 눌러 죽일 생각부터 하는 사람이다. 이처럼 동물을 향한 이중적인 시선은 내 안에도 버젓이 존재한다.

우리나라의 동물을 실험하는 많은 연구 시설과 수의학 관련 기관에선 매년 동물위령제를 지낸다고 한다. 동물에게 가한 고통을 참회하며 그들의 넋을 위로하고, 그들로부터 복수당하지 않도록 빌기 위해서다.[2] 가만 보니 내가 꿈속에서 고양이 발톱에 찔리고 개에게 목을 물리고 했던 이유가 혹시…… 그들이 동물을 대표해 인간인 내게 복수라도 한 것일까. 글쎄, 이유는 정확히 알 수 없지만 나도 위령제를 지내듯 열심히 기도해야 할 것 같다. 나아가 어떻게 하면 동물들과 함께 행복하게 더불어 살아갈 수 있을지 계속 고민해나가고, 이를 실천하는 사람이 되고 싶다.

나가며

인간과 동물은 같은 별에서 살고 있음에도 세상을 감각하는 방식은 전혀 다르다. 바다거북과 울새는 인간이 느끼지 못하는 지구의 자기장을 감지한다. 인간은 박쥐보다 좋은 시력을 갖고 있지만 박쥐가 듣는 고주파 음역대는 탐지하지 못한다. 방울뱀에게 보이는 적외선과 벌이 감지하는 적외선은 우리 눈엔 보이지 않는다.[1] 하지만 인간은 초록색과 빨강색을 구분하지 못하는 개들보다는 다채롭게 색상을 인식한다. 그 밖에도 서로 간의 세세한 차이점을 열거하자면 밤을 새워도 끝이 없을 것이다.

이처럼 (인간을 포함한) 동물계 생물들은 저마다

다른 환경세계Umwelt를 경험하며 살아간다.[2] 그렇다면 잠자는 방식 또한 제각기 다를 수밖에 없을 것이다. 사실 수천수만 종의 동물 가운데 수면 연구가 이루어진 동물은 극히 일부에 불과하다. 게다가 아직 발견조차 되지 못한 동물 종은 물론, 기후 변화와 개발 등의 이슈로 만나기도 전 사라지고 있는 동물 종 또한 수두룩하다. 이는 아직 밝혀지지 않은 잠의 세계 또한 무궁무진함을 의미한다.

수면이라는 미지의 세계를 들여다볼 때면 신기하게도 깨어 있는 나머지 시간까지 낯설고 새롭게 보인다. 그나저나 나는 과연 매 순간 제대로 깨어 있는 것일까. 부디 그랬으면 좋겠다.

모쪼록 깨어 있는 모든 존재들의 밤이 평안하길 기도하며. 특히 이 책을 끝까지 읽어주신 독자분들, 오늘 밤도 모두 굿나잇 하시길 바란다.

추천사

✦

 동물원에 오랫동안 근무하면서 가끔 앉아서 졸고 있는 기린을 보곤 했다. 그때마다 그들이 심리적으로 안정감을 느끼며 편안한 상태에 있는 것 같아 혼자 미소 지었었다. 기린은 야생에선 사자나 하이에나 등 천적을 경계하느라 서서 자는 동물이지만, 그런 위협을 느끼지 않는 환경에선 앉아서 자기도 한다는 걸 알고 있었기 때문이다.

 동물은 저마다 종이 다르고 그에 따라 생태적 특성도 많이 다르다. 그러다 보니 잠의 형태도 다양하다. 천적을 피해 서서 자는 초식동물, 4초씩만 자는 동물, 눈을 뜨고 자는 동물, 뇌의 반은 자고 반은 깨어 있는 '단일 반구 서파 수면'을 하는 동물, 바닷속에서 자는 동물은 누구일까.

저자는 동물을 향한 사랑스러운 시선으로 그들의 다양한 잠의 형태를 본인의 일상과 함께 풀어내고 있다. 동물들과 함께 행복하게 더불어 살기 위한 고민도 엿보인다. 여기에 과학적인 근거와 연구 자료 등을 바탕으로 동물의 여러 특징들을 재미있게 설명해준다.

이 글을 읽다 보니 오늘밤 나도 함께 살고 있는 반려동물이 나오는 꿈을 꾸고 싶어진다.

김보숙
『동물원은 왜 생겼을까?』 저자,
수의학박사, 전 서울대공원 동물원 동물기획과장

※

잠 못 드는 날이 있는가 하면, 한없이 잠에 빠져들고 싶은 날이 있다. 우리의 신체는 생존을 위해 잠을 자야만 한다. 동시에 우리는 기억과 경험, 감각을 더욱 생생하게 기억하고 싶은 '의식하는 주체'이기도 하다.

동물들의 잠자는 방식에 대한 호기심으로 시작한 작가의 물음표는 그녀만의 섬세한 감성과 일상을 해석하는 독특한 시선으로 독자들에게 '존재'라는 메시지를 무겁지 않고, 귀엽고 사랑스럽게 전하고 있다. 다양한 동물들의 수면 패턴에 대한 흥미로운 관찰과 지식이 곳곳에 묻어나는 이 에세이는 동물의 수면에 대한 작가의 방대한 자료 조사는 물론이고, 작가가 가장 "애정하는" 공간인 아늑한 침실부터 인도네시아의 길리 섬 바다거북이와의 만남까지… 흥미로운 관찰과 상상의 세계로 가득하다.

수면에 대한 여러 가지 지식이 궁금하다면, 그리고 존재에 대한 작가의 세심하고 따뜻한 시각을 엿보고 싶다면 꼭 읽어보길 권한다.

"꿈은 감정과 기억, 상상력의 산물이다. 인간이 꿈을 꿀 때 일어나는 현상을 단순히 '수면 역학'을 넘어 '꿈'으로서 재해석할 수 있는 이유는 우리가 그 꿈을 의식하는 주체이기 때문에 가능하다."(128-129p)

최수연
프리랜서 번역가

감사의 말

먼저 동물과 수면을 부지런히 탐구하며 수많은 연구 결과들을 남겨주신 분들께 감사의 말을 전합니다. 그분들의 귀한 자료들을 참고할 수 있었기에 무사히 책을 준비할 수 있었습니다.

추천사 청탁을 흔쾌히 수락해주신 수의학자 김보숙 선생님, 나의 사랑하는 언니 최수연 님께도 감사의 말을 전합니다. 애정 어린 추천의 말들이 큰 용기와 힘이 되었습니다.

책의 표지와 본문을 근사하게 만들어주신 노유진 북디자이너님께도 감사드립니다. 함께 작업하는 그 모든 과정이 즐거웠습니다. 더불어 출간을 앞두고 인쇄와 유통, 저작권 등 다방면으로 도움을 주신 여러 출판 관계자분들께도 감사드립니다.

삶의 많은 우여곡절 속에서도 매번 든든하게 곁을 내어준 소중한 친구들과 선후배들, 특히 애진 선배와 지영 선배, 은혜쌤, 성혜 언니, 지수, 안나 님, 행, 솜, 정원 늘 고마워요. 그리고 지난 몇 년 간 소중한 일상을 함께해준 뽐므와 수요팀 밴드 멤버분들께도 이 자리를 빌어 특별히 감사의 말을 전합니다.

마지막으로 언제나 저를 있는 그대로 아껴주는 나의 가족, 세상 그 누구보다도 사랑합니다. 제가 지금껏 꿋꿋이 살아갈 수 있었던 건 이 모든 분들의 다정한 관심과 사랑 덕분입니다.

그리고 진짜 마지막으로, 이 책의 진정한 주인공들―얼룩말, 박쥐, 해달, 올빼미, 기린, 펭귄, 곰, 바다거북, 곰벌레, 물고기―에게 감사와 애정의 마음을 전합니다. 이 친구들은 삶의 어느 순간 별빛처럼 다가와 제 안의 결핍과 우울을 조용히 다독여 주었습니다. 제가 사랑하는 사람들이 제게 그렇듯, 이들은 그저 존재 자체만으로 반짝였습니다.

이토록 귀한 존재들이 모두 빠짐없이 행복하기를 진심으로 바랍니다.

참고문헌

얼룩말
1 에드 용, 양병찬 옮김, 『이토록 굉장한 세계』 101p, 어크로스, 2023
2 〈5 fascinating Facts about Zebras〉, World Animal Protection, 13 Feb 2023, www.worldanimalprotection.us
3 동양북스 편집부, 이마이즈미 다다아키·이정모 감수, 김보라 옮김, 『밤이 되면 펼쳐지는 신비한 동물 이야기 101』 76-77p, 동양북스, 2023
4 〈Can Zebras be domesticated?〉, Library of Congress, 19 Nov 2019, www.loc.gov
5 〈Wild Horses Can't be broken: Zebra Domestication Attempts〉, Thomson Safaris, www.thomsonsafaris.com
6 김보숙, 『동물원은 왜 생겼을까』, 12-14p, 도서출판 걸음, 2021

박쥐
1 〈Why do bats hang upside down?〉, Bat Conservation International, 21 Aug 2023, www.batcon.org

2 〈Why do bats sleep upside down?〉, La Trobe University, 18 Mar 2019, www.latrobe.edu.au

3 〈Sticky Science: Why some bats sleep head-up〉, NBC News, 15 Dec 2009, nbcnews.com

4 〈바이러스의 저수지 박쥐가 끄떡없이 진화한 비밀〉, 조홍섭 기자, 한겨레, 2020.01.30

5 리자 바르네케, 이미옥 옮김, 『겨울잠을 자는 동물의 세계』 54p, 177-178p, 에코리브르, 2019

해달

1 〈Otters Holding Hands: A Fascinating Display of Affection〉, American Oceans, www.americanoceans.org

2 〈Sea Otter Facts〉, UC Davis veterinary medicine, whc.vetmed.ucdavis.edu

3 아리아나 허핑턴, 정준희 옮김, 『수면 혁명』 93p, 민음사, 2016

4 〈'선' 넘은 올해의 야생동물들? 다 이유가 있었답니다〉, 김지숙 기자, 한겨레, 2023.12.27

올빼미

1 〈How baby owls nap without falling from their trees〉, National Audubon Society, 18 Sep 2017, www.audubon.org

2 〈"Owl" Be Seeing You: Amazing Facts About Owl Eyes〉, American Bird Conservancy, 4 Mar 2022, abcbirds.org

3 〈Barred owl〉, Wikipedia

4 〈Where do owls sleep?〉, Birdfact, 13 Sep 2023, birdfact.com

기린

1 〈11 Facts about Giraffes〉, 17 Nov 2018, dosomething.org

2 〈Sleeping Patterns of Giraffes in Kenya〉, Kenya Wildlife

safaris, safari-center.com

펭귄
1. 이원영, 『펭귄은 펭귄의 길을 간다』 25p, 위즈덤하우스, 2020
2. 이원영, 『펭귄의 여름』 214p, 생각의힘, 2019
3. P.-A. Libourel et al, Nesting chinstrap penguins accrue large quantities of sleep through seconds-long microsleeps, Science, 2023
4. 앞의 논문
5. 헤더 다월 스미스, 김은지 옮김, 『수면의 과학』 28-29p, 시그마북스, 2022
6. 이원영, 『물속을 나는 새』 99p, 사이언스북스, 2018
7. 마크 하우버, 박우진 옮김, 『새의 시간』 109-110p, 가망서사, 2024
8. 루시 쿡, 조은영 옮김, 『오해의 동물원』 364-365p, 곰출판, 2018

곰
1. 리자 바르네케, 이미옥 옮김, 『겨울잠을 자는 동물의 세계』 158-159p, 에코리브르, 2019
2. 앞의 책, 216p
3. 앞의 책, 159p
4. 〈How pandas survive on their bamboo-only diet〉, Science, 9 Jul 2014, science.org

인간의 잠
1. 〈Leonardo da Vinci and Nikola Tesla Allegedly Followed the Uberman Sleep Cycle〉, Discovery, 1 Aug 2019, discovery.com
2. 〈The brilliant and tortured world of Nikola Tesla〉, AAAS, 29 May 2012, aaas.org
3. Maria Popova, 〈Thomas Edison, Power-Napper: The Great

Inventor on Sleep and Success〉, The Marginalian, www.themarginalian.org
4 Bret Stetka, 〈Spark Creativity with Thomas Edison's Napping Technique〉, Scientific American, 9 Dec. 2021, www.scientificamerican.com
5 Bret Stetka, 앞의 글
6 Maria Popova, 앞의 글
7 니시노 세이지, 조해선 옮김, 『스탠퍼드식 최고의 수면법』 38p, 북라이프, 2017
8 앞의 책, 41p

바다거북
1 스티븐 어스태드, 김성훈 옮김, 『동물들처럼』 125p, 월북, 2022
2 Sarah Milton, 〈How Long Can Sea Turtles Hold Their Breath?〉, SWOT, 26 Mar 2024, www.seaturtlestatus.org
3 캐스파 헨더슨, 이한음 옮김, 『상상하기 어려운 존재에 관한 책』 243p, 은행나무, 2015
4 에드 용, 양병찬 옮김, 『이토록 굉장한 세계』 459-464p, 어크로스, 2023
5 〈바다거북이 한반도 연안에 '단골' 방문하는 이유는?〉, 조홍섭 기자, 한겨레, 2021.12.28

곰벌레
1 〈Tardigrades: Waterbears stuck on the moon after crash〉, BBC NEWS, 7 Aug 2019, www.bbc.com
2 캐스파 헨더슨, 이한음 옮김, 『상상하기 어려운 존재에 관한 책』 399p, 은행나무, 2015
3 〈지구 최강 생명체의 약점 밝혀져〉, The Science Times, 2020.01.30, www.sciencetimes.co.kr

4 앞의 책, 401p

5 〈Tardigrades〉, American Scientist, www.americanscientist.org

6 앞의 글

물고기

1 〈How Do Fish Sleep?〉, Sleep Foundation, 25 Sep 2023, sleepfoundation.org

2 Rachel Jones, Let Sleeping Zebrafish Lie: A New Model for Sleep Studies, Medline/PLos Biology, 2007

3 〈Sleep in Fish〉, Wikipedia

인간의 잠

1 데이비드 페냐구즈만, 김지원 옮김, 『우리가 동물의 꿈을 볼 수 있다면』 10-12p, 김지원 옮김, 위즈덤하우스, 2024

2 박재학·안나, 『동물과 인간』 70p, 토일렛프레스, 2020

나가며

1 에드 용, 양병찬 옮김, 『이토록 굉장한 세계』 17-18p, 어크로스, 2023

2 캐럴 계숙 윤, 정지인 옮김, 『자연에 이름 붙이기』 35p, 187p, 윌북, 2023

사진 출처

25p, 63p, 95p, 97p, 113p ⓒ 최지연
15p www.bobaedream.co.kr
21p ⓒ The Trustees of the Natural History Museum, London
35p 상단 ⓒ U.S.Fish&Wildlife Service(USFWS)
　　 하단 ⓒ Manuel Ruedi
55p old.lauraerickson.com
115p ⓒ Jón Helgi Jónsson
그 외 사진 ⓒ istock

- 15p 사진은 저작자와 연락이 닿는 대로 저작권료를 지불하도록 하겠습니다. 관련 문의는 리마 출판사로 직접 연락 바랍니다.

깨어 있는 존재들의 밤
동물의 신비한 수면과 그에 얽힌 기억 조각들

펴낸날 2024년 12월 30일 초판 1쇄 발행

지은이 연지
편　집 최지연
디자인 노유진
펴낸곳 리마
펴낸이 최지연

출판사 등록일 2024년 3월 25일 (제2024-000028호)

E-MAIL insomnia.planet@gmail.com
Instagram @salon_de_lima

ISBN 979-11-987874-3-9 (03800)

- 이 도서는 2024년 문화체육관광부의 '중소출판사 성장부문 제작 지원' 사업의 지원을 받아 제작되었습니다.